Elie TSHIPENG
Hygues LENGE

Comprendre le Calendrier Prophétique de Dieu

Elie TSHIPENG
Hygues LENGE

Comprendre le Calendrier Prophétique de Dieu

La vision de Dieu

Éditions Croix du Salut

Imprint
Any brand names and product names mentioned in this book are subject to trademark, brand or patent protection and are trademarks or registered trademarks of their respective holders. The use of brand names, product names, common names, trade names, product descriptions etc. even without a particular marking in this work is in no way to be construed to mean that such names may be regarded as unrestricted in respect of trademark and brand protection legislation and could thus be used by anyone.

Cover image: www.ingimage.com

Publisher:
Éditions Croix du Salut
is a trademark of
Dodo Books Indian Ocean Ltd. and OmniScriptum S.R.L publishing group

120 High Road, East Finchley, London, N2 9ED, United Kingdom
Str. Armeneasca 28/1, office 1, Chisinau MD-2012, Republic of Moldova, Europe
Managing Directors: Ieva Konstantinova, Victoria Ursu
info@omniscriptum.com

Printed at: see last page
ISBN: 978-620-6-17114-0

COMPRENDRE LE CALENDRIER PROPHÉTIQUE DE DIEU

INTRODUCTION

Nous constatons que dans ce monde, tout le monde fait un effort d'établir un calendrier pour sa vie. La personne est censée veiller à la réalisation de ses différents programmes en fonction de son calendrier. À titre d'exemples : Le calendrier scolaire que les écoles tiennent à respecter durant toute l'année, les gouvernements du monde, les institutions internationales et autres.

Le but essentiel de l'établissement du calendrier est la planification des activités dans une durée de temps. Voilà pourquoi la majorité des gens fréquentent les églises sans pouvoir se poser la question sure *« En quoi consiste le calendrier prophétique de Dieu ? »* ce qui fait que certains l'ignorent complètement et d'autres ne veulent même pas que ce dernier puisse l'avoir.

Les références bibliques sur le calendrier prophétique de Dieu

Il y a plusieurs références dans la bible qui parlent du calendrier prophétique de Dieu. En effet ces passages parlent notamment du temps que Dieu a déjà prévu pour l'accomplissement de chaque chose

Ecclésiaste 3: 1 « Il y a un temps pour tout, un temps pour toutes choses sous les cieux. »

Actes 17: 26 « Il a fait que tous les hommes, sortis d'un seul sang, habitasse sur toute la surface de la terre, ayant déterminé la durée des temps et les bornes de leur demeure. »

Actes 7: 17 « Le temps approchait où devait s'accomplir la promesse que Dieu avait faite à Abraham et le peuple s'accrut et se multiplia en Egypte. »

La bible déclare qu'il y a un temps pour toutes choses sous les cieux. Selon ces trois passages précités, nous constatons ici que l'ordre établi par Dieu touche aussi la dimension du temps, Dieu a bien déterminé la durée des temps où toute chose arrivera à un moment bien précis, un moment déterminé par Dieu et connu par lui seul.

C'est à dire la chronologie des évènements n'est pas l'effet du hasard, par contre Dieu intervient à des moments précis, afin que son calendrier prophétique se réalise tel que prévu.

Plusieurs personnes croient que Dieu n'est pas soumis à la notion du temps, il accorde peu d'importance à la date et à l'heure où prennent place les différents événements de notre vie ici-bas.

LE PROGRAMME DE DIEU POUR LA TERRE

Nous trouvons que Dieu a déjà établi son programme sur le monde, il nous présente la succession des évènements de la création jusqu'à la destruction totale de ce monde, il explique clairement comment ce monde prendra fin, il étale d'une manière claire les évènements catastrophiques qui accompagneront la fin de cette terre. C'est à dire *comment le monde a commencé et comment prendra-t-il fin* ?

2 Pierre 3 : 9 nous dit « Le Seigneur ne tarde pas dans l'accomplissement de la promesse, comme quelques-uns le croient ; mais il use de patience envers vous, ne voulant pas qu'aucun périsse, mais voulant que tous arrivent à la repentance. »

2 Thessaloniciens 2 : 6 « Et maintenant vous savez ce qui le retient, afin qu'il ne paraisse qu'en son temps. »

En raison de notre impatience, nous avons parfois l'impression que le retour de Jésus-Christ est retardé, mais la vérité c'est que ce retour se produira exactement au moment prévu, sur base de ces deux passages précités.

Ceci nous amène à comprendre que le calendrier prophétique n'est pas seulement fidèle quant à la durée des évènements prédits, il l'est aussi quant à l'ordre dans lequel ces événements se produiront. En effet Dieu a déjà bel et bien fixé une date pour le temps de la fin. C'est à dire Dieu a un calendrier prophétique où il a déjà déterminé la fin de chaque chose.

Par contre beaucoup de gens ignorent complètement que Dieu a un calendrier, un programme bien établi sur l'humanité tout entière, il y a même beaucoup d'enfants de Dieu qui fréquentent les églises chaque jour, mais qui sont ignorants sur ce point.

Si toute personne qui se respecte doit avoir des projets de la vie placée dans un timing pour veiller à leur accomplissement. Si toutes les organisations du monde qui se respectent ont des programmes bien élaborés, bien définis et n'attendent que leur exécution ; comment expliquer alors que Dieu puisse en manquer pour le monde qu'il a lui-même créé ?

Par contre toute la création doit savoir que Dieu a un calendrier bien tracé, et bien défini dont l'exécution de chacune des taches ne souffrira nullement *(Matthieu 5 : 18),* il a un programme bien élaboré sur toute l'humanité ou sur ses créatures : Les hommes, les animaux, les poissons, les arbres, la terre, le ciel etc. Qui verra le jour tôt ou tard.

Le calendrier des hommes peut faillir, dont les programmes peuvent être reportés mais pas celui de Dieu car il fait toutes choses bonnes en son temps; bien que l'homme ne puisse pas saisir l'œuvre que Dieu fait du commencement jusqu'à la fin *(Ecclésiaste 3 :11).*

Il y a beaucoup de gens qui croient que la vie c'est seulement le fait de manger, de boire, de dormir et de se réveiller, c'est tout. Ils se trompent, Dieu a son programme qui est déjà révélé dans sa parole, il importe à tous les chrétiens de le connaître et le maîtriser méticuleusement.

Qu'entendons-nous par le calendrier prophétique de Dieu?

Le calendrier prophétique de Dieu c'est justement la façon dont Dieu a échelonné et classifié les évènements prophétiques qui doivent s'accomplir sur la terre selon le temps, les circonstances et selon leurs lieux d'accomplissement.

Galates 4:4 « Lorsque les temps ont été accomplis, Dieu a envoyé son Fils, né d'une femme, né sous la loi. »

Marc 1:14-15 « Jésus alla dans la Galilée, prêchant l'évangile de Dieu. IL disait : Le temps est accompli, le royaume de Dieu est proche. »

La vie de Jésus est un exemple du calendrier de Dieu, de façon répétée, la bible affirme que les évènements de sa vie ici-bas se sont produits à un moment bien précis (Matthieu 26 :45, Jean 8 :20, Jean 13 :1, Jean 7 : 6-8).

À plusieurs reprises, Dieu est intervenu dans l'histoire, afin que son calendrier prophétique se réalise comme il l'avait promis à ses disciples.

L'adjectif " Prophétique " se rapporte à la prophétie et la prophétie est un message transmits de la part de Dieu par un prophète, c'est-à-dire que c'est une personne divinement inspirée, certaines prophéties ont été transmises oralement et d'autres ont été consignés par écrit dans la bible.

La prophétie est donc l'un des langages que Dieu utilise pour communiquer sa pensée, son message au peuple passant par le temps. Il est nécessaire de comprendre que la prophétie marche avec le temps.

Habacuc 2: 3 « Car c'est une prophétie dont le temps est déjà fixé, elle marche vers son terme et elle ne mentira pas, si elle tarde, attends-la, car elle finira par s'accomplir certainement. »

2 Pierre 1:19 « Et nous tenons pour d'autant plus certaines la parole prophétique, à laquelle vous faites bien de prêter attention, comme à une lampe qui brille dans un lieu obscur, jusqu'à ce que le jour vienne à paraître et que l'étoile du matin se lève dans vos cœurs. »

Apocalypse 1: 3 « Heureux celui qui lit et ceux qui entendent les paroles de la prophétie et qui gardent les choses qui y sont écrites car le temps est proche. »

En nous basant sur ces passages cités ci-haut, nous comprenons que la parole de Dieu nous donne des explications très claires sur la prophétie qui marche avec le temps, et donc la prophétie est très importante pour les chrétiens car elle nous donne la lumière sur le temps et surtout pendant ce temps obscur que le monde traverse (2Pierre 1:19).

D'après le passage de 2 Pierre 1:19, la prophétie ou la parole prophétique nous donne la lumière dans un lieu obscur. Ce lieu obscur peut être le monde dans lequel nous vivons. Sans la prophétie nous vivrons dans les confusions énormes sur le temps et sur les évènements Prophétiques qui doivent arriver.

Qui dit prophétie fait référence à la prédiction des choses futures, or toute prédiction est une prophétie mais toute prophétie n'est pas une prédiction. C'est ainsi que quand notre Seigneur Jésus était conduit chez le souverain sacrificateur pour sa comparution, les gens lui crachèrent dessus et ils lui donnèrent de coups de poing en disant : *« Christ, prophétise; dis-nous qui t'a frappé. » (Matthieu 26 : 68).* Dans ce passage il ne s'agit de la prédiction, on lui demande de citer le nom de celui qui de le frapper à l'instant même et non de prédire car la prédiction consiste à annoncer le futur.

C'est à dire la prophétie nous procure la vision de loin sur le monde et sur les évènements heureux ou malheureux qui s'abattront sur le monde et sur les habitants de la terre, donc la particularité de la prophétie c'est qu'elle touche le futur, contrairement à la parole de connaissances qui est une partie de la prophétie qui touche le passé et qui s'arrête au présent.

Or la prophétie c'est annoncer le futur, c'est à dire ce qui va arriver, or pour annoncer le futur il faut d'abord commencer par le passé. C'est ainsi que Christ avait dit : *Matthieu 24 : 37-38 « Ce qui arriva au temps de Noé arrivera de même à l'avènement du fils de l'homme. »*

Ici Jésus pour annoncer le futur, il va faire un recule en se référant à l'histoire de Noé. Ce qui fait qu'on ne peut pas annoncer le futur sans avoir fait recours au passé.

Dieu lui-même étant le véritable prophète, il a révélé comment il n'est pas situé selon le temps mais il englobe tous les trois temps de la prophétie qui sont : Le passé, le présent et le futur voilà pourquoi il a dit : **Apocalypse 1 : 8 *« Je suis l'Alpha et l'Omega, dit le Seigneur Dieu, celui qui était, qui est, et qui vient le tout puissant. »*** Celui *« Qui était »* révèle le passé, celui **« Qui est »** révèle le présent et celui *« Qui vient »* révèle le futur.

C'est pourquoi un véritable prophète c'est celui qui annonce le passé, le présent et le futur, c'est ainsi que Jésus pouvait dire à Jean sur l'île de Patmos d'écrire les choses qu'il avait vues (Passé), celles qui sont présentes (Présent) et celles qui doivent arriver après elles (Futur) *(Apocalypse 1 : 19)*.

Il est difficile d'annoncer le futur sans faire recours au passé comme pour dire que le passé est l'œil du futur, c'est à dire pour que le futur soit annoncé il a besoin du passé, et du présent comme tremplins pour être prédit. Et Salomon nous dit : ***Ecclésiaste 3 : 15 « Ce qui est a déjà été, ce qui sera a déjà été, et Dieu ramène ce qui est passé. »***

LES TROIS TEMPS PROPHÉTIQUES

Eu égard à ce qui est dit précédemment, quand on parle de la prophétie nous voyons trois temps entre autres :

1. Le Passé
2. Le Present
3. Le futur

La prophétie nous aide à connaître les origines (Le hier), nous révèle sur les réalités présentes (L'aujourd'hui) afin de nous fixer sur l'avenir (Le demain). Donc un vrai chrétien doit veiller sur la prophétie de la parole de Dieu. Il doit connaître l'origine de tout, l'origine de la création invisible et visible de Dieu, l'origine de la terre, des hommes etc. Pour pouvoir bien comprendre le présent afin d'être averti sur le futur, sur les grands événements à venir et sur la fin de toute chose en vue de bien les préparer.

Bref la prophétie nous explique d'une manière chronologique tous les évènements depuis la création jusqu'à l'éternité passant par le temps, cette façon de présenter les évènements de la fin des temps c'est ce que nous appelons calendrier prophétique de Dieu.

Le calendrier prophétique de Dieu est établi sur trois temps selon (Hébreux 13 : 8)

- o Le Passé (Le hier)
- o Le Présent (Le aujourd'hui)
- o Le Futur (L'éternité ou le demain)

Ce calendrier prophétique a le mérite de nous fixer sur le passé, le présent et le futur de toutes les créations, c'est pourquoi un enfant de Dieu doit connaître d'où il vient, où il est et où il va, il doit connaître également : ***D'où vient le monde ? d'où viennent les hommes, le diable...Où en sommes-nous avec le monde ? et où allons-nous avec ce monde ?*** Cette conception nous poussera à vivre dans la prudence et dans la crainte de Dieu pour éviter tous les malheurs qui s'abattront sur la terre.

CHAPITRE 1 : LES GRANDES LIGNES DU CALENDRIER PROPHÉTIQUE

DE DIEU

Selon le dictionnaire français la ligne du temps se définit comme étant une ligne qui nous permet de situer les évènements par ordre chronologique suivant lequel ils se sont réellement déroulés en comptant les années à partir d'un point de départ.

Selon le dictionnaire biblique : au sens strict la ligne du temps est un système d'évaluation qui nous permet de situer les évènements relatés dans l'ancien testament depuis la création jusqu'à la fin des temps, c'est à dire de la création à l'éternité, de la genèse à l'apocalypse.

Dieu lui-même qui a inspiré la bible n'est pas un Dieu de désordre mais d'ordre *(1 Cor 14 : 33)*, c'est à dire il a déjà placé chaque événement biblique selon l'ordre chronologique, il nous arrive parfois de lire certains textes bibliques et que l'on a comme l'impression que ces textes se contredisent, c'est simplement parce qu'on ne respecte pas une règle fondamentale en matière de lecture de la bible : un texte biblique peut en éclairer un autre.

C'est pourquoi dans ces grandes lignes du calendrier prophétique de Dieu je propose de lire les deux chapitres de la genèse en les considérant comme étant complémentaire l'un à l'autre, plutôt que comme des récits différents, l'objectif du premier chapitre de la genèse n'est pas le même que celui du second chapitre.

Ainsi le premier chapitre de la genèse raconte la création de tout l'univers et de la création originelle de toutes choses, tandis que le deuxième chapitre concerne le rôle de l'homme sur terre, sa responsabilité par rapport à Dieu et à la terre.

Ainsi dans ces grandes lignes du calendrier prophétique de Dieu nous allons décortiquer les différents niveaux de création en l'occurrence :

- ✓ La création
- ✓ La creation invisible
- ✓ La création visible
- ✓ La nouvelle création en Jésus christ

1. LA CRÉATION

Dans le chapitre 1 et 2 de la genèse on trouve le récit de la création, au début du chapitre 1 de la genèse avec la phrase qui dit dans **Genèse 1 : 1**

« **Au commencement, Dieu créa les cieux et la terre.**» ce qui voudrait dire que rien n'existe en dehors de Dieu lui-même.

Dès le début Dieu se révèle et communique sa volonté pour l'humanité. Au cours de six jours Dieu a créé l'univers entier, la création des cieux et de la terre le premier jour, la création des étendues et leurs séparations le deuxième jour, la création des arbres selon leurs espèces le troisième jour, la création des astres : le soleil, la lune et les étoiles le quatrième jour, la création des oiseaux et des animaux aquatiques le cinquième jour et enfin la création de l'homme le sixième jour.

Toute la création était terminée en six jours, puis Dieu a déclaré *« Que tout était bon .»* (Genèse **1 : 31**). Et le septième jour Dieu s'est reposé, cela ne veut dire qu'il était fatigué, mais il s'est reposé parce qu'il avait cessé de créer.

Le deuxième chapitre de la genèse se concentre sur la formation de l'homme et sa responsabilité par rapport à la terre, Dieu a façonné l'homme de la poussière de la terre qu'il avait créé auparavant, car il porte en lui l'image de Dieu, il a donc la responsabilité sur la gestion de la terre.

2. LA CREATION INVISIBLE

Genèse 1: 1 « Au commencement, Dieu créa les cieux et la terre.»

C'est la première mention du verbe *« Créer »* utilisé dans ce passage et dans ce contexte est traduit par *« Bara »* qui signifie en français créer à partir du néant ou créer à partir de rien. C'est à dire Dieu a créé l'univers y compris l'homme sans matière première mais à partir de rien.

Genèse 1: 1 « Au commencement, Dieu créa les cieux et la terre.»

Job 33: 4 « L'esprit de Dieu m'a créé, Et le souffle du Tout Puissant m'anime. »

Avant cela il n' y avait rien, Dieu n'a pas créé l'univers à partir des éléments préexistants, mais à partir de rien, il a créé l'homme sans matière première.

Nous pouvons parfois être très créatifs, mais à la fin nous avons toujours besoin de matières premières pour créer quelque chose. Par contre Dieu a créé l'univers et l'homme sans aucune matière première qui les composent. Oh combien est grand notre Dieu !

Hébreux 11: 3 « C'est par la foi que nous reconnaissons que le monde a été formé par la parole de Dieu, en sorte que ce qu'on voit n'a pas été fait de choses visibles. »

Cette création fait référence à ce que l'on appelle la création invisible de Dieu par laquelle l'univers et l'homme furent créés sans aucune matière première, c'est à dire Dieu a tout créé sans les éléments préexistants.

Colossiens 1:16 « Car en lui ont été créées toutes les choses qui sont dans les cieux et sur la terre, les visibles et les invisibles : Trônes, dignités, dominations, autorités... »

Ce texte de Colossiens nous apprend qu'il y a des choses visibles et invisibles que Dieu avait créées. Nous pouvons facilement comprendre qu'il y a deux créations jusqu'ici, entre autres : La création visible et la création invisible, nous comprenons clairement qu'avant que la terre ne soit créée, avant qu'Adam ne soit formé la création invisible existait déjà.

Quelques éléments de la création invisible

- ✓ Les anges
- ✓ Les trônes
- ✓ Les dominations
- ✓ Les dignités etc.

Ici nous comprenons que les anges, les trônes, les dominations, les dignités et bien d'autres choses ont été créées avant la fondation de la terre selon (Éphésiens 1 : 4-5, Job 38 : 4-7). Nous comprenons que même les enfants de Dieu font partie de la création invisible de Dieu. Il est écrit que Dieu nous a élus avant la fondation de la terre, donc avant que la terre ne soit créée nous existions déjà et nous fûmes élus par lui.

3. LA CRÉATION VISIBLE

Genèse 2:7 « L'Éternel Dieu forma l'homme de la poussière de la terre, il souffla dans ses narines un souffle de vie et l'homme devint un être vivant. »

C'est la première mention du verbe « Former » utilisé dans ce passage et dans ce contexte est traduit par « Yatsar » qui signifie en français créer à partir de quelque chose.

En réalité la création visible émane de la création invisible parce que dans la création visible Dieu n'avait fait que manifester ce qui était invisible. Nous pouvons dire que la création visible est la manifestation de la création invisible. C'est à Dieu a rendu visible ce qui était invisible à l'œil nu.

À titre d'exemple : vous remarquerez que l'homme est le résultat de la création invisible avant d'être visible parce que ce dernier existait déjà depuis la création invisible (Genèse 1 : 27).

Genèse 1:27 « Dieu créa l'homme à son image, il le créa à l'image de Dieu, il créa l'homme et la femme. »

Dans ce passage nous voyons que Dieu a créé l'homme à son image de Dieu, pour que cet homme créé soit rendu visible, il va falloir qu'il soit formé c'est ainsi que Dieu forma l'homme de la poussière de la terre selon (Genèse 2:7).

C'est à dire Dieu a pu former l'homme à partir de l'homme créé auparavant, ce qui voudrait dire que l'homme créé est la matière première de l'homme formé, l'homme créé est spirituel et l'homme formé est charnel, c'est à dire Dieu s'est inspiré sur l'homme spirituel qu'il a créé pour former l'homme physique.

Ainsi l'homme est passé de la création à la formation, de l'invisibilité à la visibilité, du spirituel au charnel, de l'immatériel au matériel pour être en contact avec les choses matérielles que Dieu avait créées qui se trouvaient dans le jardin afin de bien garder le jardin.

Bref l'homme formé est donc la manifestation visible de l'homme créé, il y a un grand mystère sur l'homme créé et l'homme formé que nous ne saurions entrer en détail présentement ici.

Quelques éléments de la création visible

- ✓ Le ciel
- ✓ La terre
- ✓ L'homme
- ✓ Les animaux
- ✓ Les arbres
- ✓ Les poissons etc.

4. LA NOUVELLE CRÉATION DE JÉSUS-CHRIST

Grâce à l'évangile de la parole révélée, nous expliquons les trois créations. Comprenons que *(Colossiens 1:16) nous* parle de deux créations : Les choses invisibles de la création invisible et les choses visibles de la création visible. Nous comprenons que Dieu avait créé les choses invisibles et après il les a amenés à l'existence dans la création visible avec Adam et consorts.

Après quelques temps, la deuxième création qui est la création visible était tombée dans la corruption, était sombrée dans l'injustice, dans le péché et tout était abîmé. C'est le diable qui a ouvert les portes de tous les malheurs qui ont fait sombrer la deuxième création et tout était détruit selon *(Genèse 3 : 22-24)*.

C'est ainsi que Dieu dans sa miséricorde ne pouvait pas laisser sa création être détruite pour toujours, il nous envoya le Seigneur Jésus-Christ pour recréer, pour refaire cette création que le diable a détruite. Le Seigneur Jésus-Christ était venu avec une nouvelle création parce que la deuxième était détruite par le diable.

Nous pouvons dire que la création de Jésus-Christ pendant le temps de la grâce devient la troisième création *(2 Corinthiens 5:17)*. Confirme que celui qui est en Christ est une nouvelle créature, on ne peut jamais devenir une nouvelle créature sans être une nouvelle création.

En Jésus-Christ nous sommes des nouvelles créatures, c'est à dire nous sommes des rechapés de la deuxième création détruite par le diable. Nous sommes les fruits de la nouvelle création en Jésus, nous sommes les fruits de la régénération, nous devons alors marcher en nouveauté de vie pour ne pas faire sombrer une nouvelle fois cette nouvelle création comme c'est été le cas avec la deuxième création, parce que c'est cette dernière qui nous conduira jusqu'au ciel *(Romains 6 : 4)*.

La régénération c'est Dieu qui nous donne la vie spirituelle par la foi en Jésus-Christ avant d'être sauvés, nous n'étions pas enfants de Dieu, nous étions dégénérés et maintenant nous sommes régénérés, cette régénération a pour conséquence que nous sommes en paix avec Dieu et devenons ses enfants pour toujours et recevons une vie nouvelle *(Jean 1 :12-13, Tite 3 : 5-6)*.

Et la régénération n'est possible que par la foi en l'œuvre accomplie par Jésus-Christ à la croix. Notre cœur ne peut être régénéré par des bonnes œuvres, ni par son obéissance à la loi. En effet personne ne sera considérée comme juste devant Dieu sur base des œuvres de la loi *(Romains 3 : 20)*.

Pour ce qui concerne les grandes lignes du calendrier prophétique de Dieu, j'ai fait le choix de traiter cet enseignement avec la notion de dispensations qui fera même l'objet de ce livre afin de rendre compréhensible, simple et accessible à tous, ces puissantes vérités.

CHAPITRE 2 : LES DISPENSATIONS

La plupart d'entre nous se posent la question de savoir : Qu'est-ce qu'une dispensation? C'est pour cette raison que nous allons définir ce que c'est une dispensation, donner son importance, son but et ses caractéristiques.

En théologie la notion de dispensation propose une analyse très intéressante des périodes et des saisons. Selon cette approche Dieu fait une alliance particulière soit avec un être humain soit avec un groupe de personnes soit avec un peuple. De par cette alliance, l'individu ou le groupe a reçu des privilèges ou des droits et est ténu à des obligations ou des devoirs.

Le système d'interprétation eschatologique appelé le dispensationalisme considère que Dieu réalise son plan du salut d'une manière chronologique c'est à dire au travers des périodes d'administration différentes, l'homme est donc placé par Dieu devant la responsabilité d'accepter ou de refuser la révélation offerte dans une dispensation.

1. LES RÉFÉRENCES BIBLIQUES SUR LE MOT DISPENSATION

Les textes d'où est tiré le mot « Dispensation »

Éphésiens 3 : 2 « Si du moins vous avez appris quelle est la dispensation de la grâce qui m'a été donnée pour vous, c'est par révélation que j'ai eu connaissance de ces choses. »

Éphésiens 3 : 9 « Et de mettre en lumière quelle est la dispensation du mystère caché de tout temps en Dieu qui a créé toutes choses. »

Colossiens 1 : 26 « Le mystère caché de tout temps et dans tous les âges mais révélé maintenant à ses saints. »

Dans l'épître aux Éphésiens Ici l'apôtre Paul s'adressait aux nations ou aux païens qui venaient justement de se convertir au christianisme, eux qui étaient autrefois éloignés mais qui ont été rapprochés au moyen du sang de Jésus-Christ, c'est à ces gens-là que Paul s'adressait.

Dans l'épître aux *Éphésiens 3 :1-2*. L'apôtre Paul parlait de l'église corps du Christ qui était uni par l'Esprit, c'est à dire les juifs et les non juifs étaient unis parce qu'au départ ils n'étaient pas unis, les juifs ne devaient pas se marier aux non juifs et les non juifs ne devaient non plus se marier aux juifs Vice versa. Mais lorsque l'évangile est parvenu aux non juifs, ces derniers ont crû à cet évangile.

Ainsi Dieu a accordé aussi la repentance aux autres nations, nous avons donc été tous baptisés dans un seul esprit et nous sommes tous cohéritiers et formons un même corps. Ainsi il n'y a plus ni juif, ni grec nous sommes tous les enfants de la postérité d'Abraham *(Éphésiens 3 :6-7, Galates 3 : 8-14, 25-28).*

Alors Paul ayant vu cette unité en Christ entre les juifs et les non juifs par le Saint-Esprit, il introduit le 3e chapitre en se présentant comme le prisonnier de Jésus-Christ pour les païens, car c'était à cause des païens et par la méchanceté des juifs que l'apôtre Paul s'est retrouvé en prison à Rome.

Éphésiens 3:2 « Si du moins vous avez appris quelle est la dispensation de la grâce qui m'a été donnée pour vous, c'est par révélation que j'ai eu connaissance de ces choses. »

2. ÉTYMOLOGIE DU TERME « DISPENSATION » EXPLICATION DU CONCEPT

Le terme dispensation vient du mot grec **«OÏKONOMIA»** qui signifie : L'administration ou la gestion de Dieu. Ce mot s'applique à Dieu qui était en train de gérer le plan du salut dans toute l'histoire de l'humanité *(Éphésiens 3 : 9, Éphésiens 1 :10).*

Dans le sens original et couramment admis de ce mot grec, le terme dispensation représente aussi une période, une époque, une ère voire un âge ou un temps...

3. DÉFINITION

La dispensation est une manière de Dieu de se révéler dans une période donnée pour accomplir sa volonté. Et chaque dispensation a ses caractéristiques, C'est ainsi que Dieu pouvait se révéler à une personne pour qu'au travers de laquelle qu'il accomplit sa volonté car Dieu ne se révélait pas de la même manière dans chaque dispensation, cependant il se révélait différemment, c'est à dire de la manière dont Dieu s'est révélé dans une période (X) c'est pas de la même manière qu'il peut se révéler dans une période (Y).

De la manière dont Dieu s'est révélé à Abraham c'est pas de la même manière qu'il s'est révélé à Moïse, c'est à dire chaque dispensation avait sa propre révélation de Dieu. Car le plan de Dieu pour sauver l'humanité n'était pas total mais progressif.

4. L'IMPORTANCE DE LA DISPENSATION

La dispensation est très importante car elle nous aide à ne pas avoir de confusion sur la ligne du temps de Dieu, toute personne qui n'a pas la connaissance des dispensations a toujours du mal à expliquer l'eschatologie de manière chronologique, tu trouves quelqu'un qui dit que l'enlèvement est la fin du monde, *mais quelle aberration ?*

En fait l'enlèvement n'est pas la fin du monde, le monde continuera d'exister après l'enlèvement de l'église, car il y aura des gens qui rateront l'enlèvement et qui vivront la grande tribulation, c'est qui fait que l'enlèvement n'est pas la fin du monde mais il marque la fin de la dispensation de la grâce.

La fin du monde aura lieu au jugement du grand trône blanc qui est le jugement dernier, plus précisément lors de la récréation des nouveaux cieux et de la nouvelle terre où sera dressé la nouvelle Jérusalem que nous appelons communément "Le paradis" c'est là qu'interviendra la fin du monde *(Apocalypse 21 : 1-2)*.

La dispensation nous aide aussi à classifier les événements qui vont s'accomplir sur la terre d'une manière chronologique pour bien les distinguer car Dieu n'est pas un Dieu des désordres mais un Dieu d'ordre *(1Corinthiensinthiens 14 :33)*.

5. BUT DE LA DISPENSATION

Le but de la dispensation est de comprendre la ligne de conduite de Dieu pour sauver l'homme dans la perdition et de retrouver la vie en Jésus-Christ, la dispensation est appelée la boussole biblique car c'est elle qui nous montre le point de départ, la destination et le point d'arriver du temps.

6. LES DISPENSATIONS D'UNE PERSONNE

Ce sont les étapes par les quelles une personne passe pour naître et pour mourir nous citons entre autres :

- Création dans le ventre de sa mère *(Jérémie 1 :5)*
- La naissance *(Jérémie 1 :5)*
- La croissance *(Luc 2 : 52)*
- La Vie *(Ecclésiaste 8 : 8)*
- La vieillesse *(Esaïe 46 : 4)*
- La mort *(genèse 6 : 3)*.

LES TROIS GRANDES DISPENSATIONS DE LA DIVINITÉ (Apocalypse 1 :4-8)

a. LA DISPENSATION DU PÈRE (QUI ÉTAIT)

C'est la dispensation de *« L'AINSI DIT L'ETERNEL »* C'est une période pendant laquelle Dieu le père avait la gestion du monde selon l'ordre de la divinité (Trinité) et cette dispensation commence de *Genèse 1* jusqu'à *Malachie 4*. C'est le mystère caché mais dévoilé maintenant, ça concerne le père (*Colossiens 1 :25-26, Genèse 1 :1-31* ; qui était).

b. LA DISPENSATION DU FILS (QUI EST)

C'est la dispensation de « *EN VERITE, EN VERITE JE VOUS* ». C'est une période pendant laquelle c'est Dieu le fils qui est notre seigneur Jésus-Christ qui était en train de gérer ou de diriger le monde cette dispensation commence de *Mathieu 1* jusqu'à *Actes 1 : 9*. Le mystère présent, ça concerne le fils étant donné qu'il est la deuxième personne de la trinité celui (qui est). *(Colossiens 1 :15-16, 1jean 5 :11-13).*

c. LA DISPENSATION DE L'ESPRIT (QUI VIENT)

C'est la dispensation de « *CELUI QUI A DES OREILLES ENTENDE CE QUE L'ESPRIT DIT AUX EGLISES* » *(Apocalypse 2 :7)*. Actuellement nous ne sommes plus à la dispensation du père, encore moins du fils Cependant nous sommes à la dispensation du Saint-Esprit c'est-à-dire c'est le Saint-Esprit qui gère le monde Elle commence de *Actes 2* jusqu'à *Apocalypse 22*. Le mystère avenir, ça concerne le Saint-Esprit 'qui sera) *(1Corinthiensinthiens 3 : 16-17 ; 1 Corinthiens 6 :19 ; Joël 2 :28-29).*

LES HUIT DISPENSATIONS OU PÉRIODES BIBLIQUES

Théologiquement parlant Il existe sept ou huit dispensations, quant à nous retenons huit dispensations qui sont :

1. ***L'innocence***
2. ***La conscience***
3. ***Le gouvernement de l'homme***
4. ***La promesse***
5. ***La loi***
6. ***La grâce***
7. ***La tribulation***
8. ***Le Millenium.***

1. L'INNOCENCE (Adam et Eve) (Genèse 1; Genèse 3 :6)

Cette dispensation commence à la création et elle finit à l'expulsion de l'homme dans le jardin, dans cette dispensation Adam et Ève ont été créés innocents ils étaient dans l'état d'ignorance, c'est-à-dire sans péché *(Genèse 1:25)*. Ils étaient en communion avec Dieu dans le jardin d'Eden, cette relation dépendait d'une simple règle c'est, qu'ils ne devaient pas manger les fruits de l'arbre de la connaissance du bien et du mal *(Genèse 1: 17)*.

À un moment donné Dieu averti l'homme *(Genèse 2 :16)* des conséquences d'une désobéissance lorsqu'il mangerait l'arbre de la connaissance du bien et du mal, en lui disant « *Le jour où tu en mangeras, tu mourras* » c'est à dire que l'homme n'est plus ignorant il a désormais une connaissance des conséquences de ce qui se passera après avoir mangé l'arbre défendu. Ici l'homme et la femme était tous deux nus mais ils ne se rendaient pas compte *(Genèse 2 :25)*.

Malheureusement Ève a été tentée par le serpent et a mangé du fruit de cet arbre, Adam en a mangé aussi, tous deux ont péché contre Dieu et ont perdus leur innocence *(Genèse 2: 8-12)*. Le péché entraîne des conséquences désastreuses. Ainsi Dieu maudit le serpent et l'a condamné à ramper sur son ventre et à être détesté par les hommes. Il a aussi maudit Ève et l'a condamnée à souffrir en donnant la vie et à être en conflit avec son mari. Enfin il a maudit aussi Adam et l'a condamné à travailler dur pour survivre *(Genèse 3 :14-19)*.

L'expulsion d'Adam et d'Ève du jardin d'Eden fait partie des conséquences de leur péché *(Genèse 3 : 22 -24)*. Cependant la bonne nouvelle est qu'un message d'espoir s'ajoute à ces malédictions, Dieu va dire au serpent; **Genèse 3 :15 « *Je mettrai inimitié entre toi et la femme, celle-ci t'écrasera la tête et tu lui blesseras le talon.* »**

C'est une prophétie qui faisait allusion au sacrifice de Jésus à la croix lors de sa venue, vous constaterez que malgré leur péché Dieu prédit déjà l'amour, par là nous comprenons que l'amour et la grâce de Dieu se manifestent même au milieu du péché et de ses conséquences néfastes.

2. LA CONSCIENCE (Caïn et Abel) (Genèse 3 :7 - Genèse 8 :14)

Cette dispensation commence à la désobéissance de l'homme en mangeant le fruit défendu et elle finit après le déluge. Cette conscience est le résultat du bien et du mal car c'est après que l'homme ait mangé à l'arbre de la connaissance du bien et du mal qu'il s'est rendu compte qu'ils étaient nus *(Genèse 3 :7-8)*.

Dans cette dispensation Dieu tient pour responsable l'homme qui a désormais la connaissance du bien et du mal, parce qu'ici l'homme est conscient du péché, c'est à dire dès que l'homme pêche il brise automatiquement sa relation d'avec Dieu. Pour que cette relation soit rétablie entre l'homme et Dieu, l'homme doit passer par des sacrifices, c'est ici le début des sacrifices à l'occurrence : Abel et Caïn, c'est à dire à chaque fois que l'homme pêche sa relation entre lui et Dieu sera réglée par les sacrifices.

Cette dispensation a commencé depuis la chute de l'homme et elle finit après le déluge, lorsque la pluie avait pris fin et que la terre fut sèche c'est là la fin de cette dispensation. Alors Dieu parla à Noé là c'est une autre dispensation qui commence.

3. GOUVERNEMENT HUMAIN (Noé) (Genèse 8 :15 - Genèse11:32)

Cette dispensation commence après le déluge et elle finit à la tour *de BABEL*, c'est une période pendant laquelle Dieu avait confié la gestion du monde à l'homme, c'est-à-dire c'est l'homme qui dirigeait dans cette dispensation, l'homme auprès de qui on a confié cette responsabilité c'est Noé.

Dieu lui a ordonné de construire une arche afin de conserver la vie de tout être humain, parce que quand il fera tomber la pluie quiconque entrera dans l'arche aura la vie sauve. Mais l'homme a failli à cette mission puisqu'il n'y a que 8 personnes qui ont été sauvées, uniquement sa famille sauvé dans ce fléau *(Genèse 7 : 13, Hébreux 11 : 7)*.

Noé a commencé cette dispensation et fut le premier gouverneur de cette nouvelle humanité *(Genèse 8 : 20-21)*.

A) L'humanité a un nouveau commencement

B) À Noé sont donnés les mêmes privilèges qu'à Adam, de gouverner et de posséder la terre.

Noé et ses successeurs devront gouverner la terre pour Dieu, cette nouvelle responsabilité n'a jamais cessé et ne cessera que lorsque Christ prendra en main le gouvernement de l'humanité en main *(1 Pierre 2 : 13-14, Romains 13 : 1-17)*.

4. LA PROMESSE (Abraham) (Genèse 12 :1 - Exode19 :25)

Cette dispensation s'étend de l'appel d'Abraham et elle finit au don de la loi sur le mont SINAÏ, cette dispensation est le shift de la dispensation précédente, c'est à dire lorsque l'homme à échouer de diriger le monde, Dieu lui-même a ouvert cette période appelée promesse pendant laquelle Dieu a pris la décision de diriger le peuple c'est sûrement la période de la théocratie où Dieu a jugé bon de prendre la gestion du monde c'est pourquoi cette dispensation a commencé avec l'appel d'Abraham.

C'est quand Dieu avait appelé Abraham pour qu'il se retire de son père, de sa patrie pour aller dans le pays où Dieu lui montrera, c'est là que Dieu a commencé à lui faire des promesses disant : qu'il sera béni, sa postérité sera bénie, il deviendra une source de bénédictions et que toutes les nations seront bénies par lui. Ici c'est une dispensation à laquelle Dieu a pris la décision de diriger le peuple, cette dispensation est le début même des prophètes, des juges et des rois *(Actes13 :19-22) (Genèse17 :4-6).*

C'est une dispensation pendant laquelle Dieu offre à l'homme de faire confiance en ces paroles pour diriger le peuple. C'est une période où Dieu s'est choisi un peuple parmi les peuples de la terre pour être le reflet de son existence et de son grand amour, mais aussi pour être le gardien de sa parole et ce peuple prendra plus tard le nom d'Israël.

À partir de cet instant Israël va représenter l'histoire du peuple que l'Éternel désire voir se tourner vers lui. En opposition avec l'Égypte qui représentera le monde sous la domination de Lucifer. Quant à la terre promise au peuple d'Israël sachez qu'elle ne saurait tarder, nous verrons plus loin que cette promesse d'une terre où coule le lait et le miel se réalisera pleinement avec le retour de Jésus-Christ *(Galates 3 : 16-18).*

Un testament ou une promesse que Dieu a confirmé antérieurement ne peut être annulée. Ce qui signifie formellement que, bien que les juifs aient rejeté et fait crucifier Jésus par les Romains, ceci ne remet pas en cause la promesse que Dieu fit à Abraham.

Abraham et ses successeurs vont à plusieurs reprises douter de la parole de Dieu, ce qui aura pour conséquence le fait de les entraîner les uns et les autres vers les erreurs de jugement dramatiques qui les conduiront au désastre de l'esclavage en Egypte pendant 430 ans.

5. LA LOI (Moïse) (Exode 20 :1 - Actes 1: 9)

Cette dispensation commence au don de la loi sur le mont Sinaï et elle finit lors de l'enlèvement de Jésus *(Actes1 : 9).* Cette période pendant laquelle Dieu s'est révélé à Moïse comme un Dieu de règlement, en lui donnant un décalogue pour signifier que pour que les promesses qui ont été faite à Abraham puissent s'accomplir le peuple d'Israël doit désormais observer la loi.

a. LE BUT DE LA LOI (TORAH)

La loi fut merveilleuse et glorieuse, parce qu'elle indiquait le sacrifice parfait à venir, qui est Jésus-Christ. Dieu voulait que la loi fût de nature à éduquer les enfants d'Israël. Ce n'est pas que la loi pouvait en elle-même apporter le salut. Ainsi la loi a été comme un pédagogue pour nous conduire à Christ afin que nous fussions justifiés par la foi *(Galates 3 : 24 -25).*

La loi fut très stricte dans l'exigence à l'obéissance. Quiconque observe toute la loi mais qui pèche contre un seul commandement devient coupable de tous *(Jacques 2 : 10)." Tu ne feras point "* fut la base des commandements de la loi et les enfants d'Israël apprirent à travers des commandements que le péché était abominable *(Romains 7 : 13)*, l'Esprit de la loi était **" Obéis, sinon tu mourras "**

Comme Moïse éleva le serpent dans le désert, il faut de même que le fils de l'homme soit élevé afin que quiconque croit en lui ait la vie éternelle *(Jean 3 : 14-15)*. Les enfants d'Israël qui étaient sur le point de mourir, regardèrent le serpent d'airain dans le désert et eurent la vie sauve. De la même manière les pécheurs mourant peuvent regarder le Fils de Dieu crucifié et avoir la vie; par conséquent *" regarde et vis "* Tels sont les mots d'ordre de l'Évangile. *« Voici l'agneau de Dieu qui ôte les péchés du monde. » (Jean 1 : 29)*

Certes la loi qui possède une ombre des choses à venir et non l'exacte représentation des choses, ne peut jamais, par les mêmes sacrifices qu'on offre perpétuellement chaque année, amener les assistants à la perfection, car il est impossible que le sang des taureaux et des boucs ôte les péchés *(Hébreux 10 : 1-4)*

En réalité il y avait quelques exemples marquants d'hommes justes sous la loi, des hommes qui furent sauvés et sanctifiés; mais leur justice ne provenait pas des œuvres de la loi, elle provenait plutôt de leur foi en Dieu et de leur obéissance à sa parole.

Le temps me manquerait pour parler de Gédéon, de Barak, de Samson, de Jephté, de David, de Samuel et des prophètes qui, par la foi vainquirent des royaumes, exercèrent la justice, obtinrent des promesses, fermèrent la gueule des lions, tous ceux-là à la foi desquels il a été rendu témoignage n'ont pas obtenu ce qui leur était promis... *(Hébreux 11: 32, 33, 39, 40)*

Il est à noter que la loi n'a pas modifié ni annulé la promesse faite à Abraham parce que la loi n'était pas un moyen pour parvenir à la perfection, mais la loi avait pour but de mettre l'accent sur la pureté et la sainteté qui devaient caractérisées le peuple d'Israël et qui devait montrer qu'Israël est un peuple mis à part de Dieu.

Sans cela il était difficile de rencontrer Dieu c'est ainsi que pendant cette période Dieu s'était caché dans le tabernacle qui était sa propre personne sur la terre, ainsi pour le rencontrer ça devient une procédure.

Pour que le peuple parvienne à rencontrer Dieu, il pouvait passer par le parvis, le lieu saint et le lieu très saint, mais cela était possible par l'intermédiaire d'un souverain sacrificateur *(Exode 40 :33-38)*. Et dans la nouvelle alliance c'est Jésus-Christ qui est le souverain sacrificateur *(Hébreux 10 :19-20, Hébreux 9 :11)*.

Cette dispensation introduit le début de l'ancienne alliance, il est à noter que l'ancienne alliance n'a pas commencé depuis Genèse mais elle a commencé dans Exode après le départ du peuple d'Israël de l'Egypte vers Canaan.

La Bible déclare *Hébreux 8 : 9 « Les jours viennent où je ferai avec la maison d'Israël où je ferai avec la maison d'Israël, la maison de Juda une nouvelle alliance non pas comme l'alliance que j'ai traité avec leurs pères, le jour où je les ai saisis par la main pour les faire sortir du pays d'Égypte. »*

Au vu de ce passage précédant, vous comprendrez que l'ancienne alliance avait commencé depuis le départ des enfants d'Israël de l'Égypte vers Canaan c'est là qu'a commencé l'ancienne alliance, donc avant Exode les enfants d'Israël étaient dans l'attente de l'accomplissement de la promesse que Dieu avait faite à Abraham.

b. L'ANCIENNE ALLIANCE

La nation d'Israël fut le résultat direct et l'accomplissement partiel de la promesse faite à Abraham. Au mont Sinaï Dieu traça les grandes lignes de son alliance faite avec les enfants d'Israël; eux aussi à leur tour acceptèrent l'alliance de tout au moment où Moïse leur avait en parlé. Le grand et merveilleux appel de Dieu aux enfants d'Israël signifie que Dieu voulait que les israélites fussent une nation sainte et un royaume des sacrificateurs. Ils devaient être les messages de l'alliance de Dieu.

Dieu se révéla aux enfants d'Israël de façon claire et inoubliable, il leur donna les dix commandements écrits de la main de Dieu sur les tables de pierre et certaines lois Moïse les écrivit dans un livre, Dieu les choisit pour être la famille et les moyens par lesquels l'alliance d'Abraham serait finalement accomplie vis à vis du monde entier par la naissance de Jésus-Christ.

Toutes les prescriptions dont Dieu traça les grandes lignes aux enfants d'Israël au mont Sinaï furent connues sous le nom de la loi de Moïse parce que c'était Moïse qui fut l'instrument dont Dieu s'est servi pour donner la loi à Israël, en réalité la loi fut celle de Dieu. En étudiant la loi et l'époque à laquelle elle fut donnée, on doit admettre que seul Dieu pouvait avoir inspiré de telles règles de conduites exemplaires.

La loi institua pour les enfants d'Israël un mode de vie et une adoration de Dieu, lesquels aucune autre nation n'avait commencé à pratiquer, la loi fut une plus grande révélation de Dieu et à travers la loi les enfants d'Israël apprirent ce que Dieu attendait d'eux en matière d'adoration acceptable du Seigneur.

Cette dispensation a pris fin lors du sacrifice de Jésus à la croix de Golgotha c'est là que le voile qui séparait le lieu saint et le lieu très saint s'est déchiré en deux *(Matt 27: 51) (Rom 10 :4)*. Ce passage de Romains marque la fin de la dispensation de la loi pour introduire une autre dispensation qui est celle de la grâce qui commence avec *(Jean 1 :17)*.

6. LA GRACE (Jésus-Christ) (Romain 10 :4 - Apocalypse 4 :1)

Cette dispensation commence lors du sacrifice de Jésus à la croix de Golgotha. Elle est entrée en vigueur le jour de la Pentecôte avec l'effusion de l'Esprit et elle finira lors de l'enlèvement de l'église *(Actes 2, Jean 1 :17, Apocalypse 4 : 2)*.

Cette dispensation est la somme des dispensations précédentes, c'est à dire depuis la première dispensation jusqu'à la cinquième Dieu ne faisait que parler mais le peuple avec qui il interagissait ne le comprenait pas, puisqu'il ne le comprenait pas Dieu s'est trouvé une solution.

Dieu a pris toutes les paroles qu'il a eu à prononcer depuis la première dispensation jusqu'à la cinquième, il les rassemble, il en fait une personne et il nous envoie la personne et cette personne n'est rien d'autre que Jésus-Christ c'est à dire Jésus devient la somme de toutes les paroles que Dieu avait dite jusqu'à la cinquième dispensation.

C'est à dire Dieu a pris tout ce qu'il avait dit dans le passé, ce qu'il dit aujourd'hui, ce qu'il dira demain et ce qu'il n'a jamais dit, il les rassemble, il l'en fait une personne et il nous envoie la personne.

Ainsi donc Jésus est la somme de tout ce que Dieu peut penser, peut dire, dira et qu'il n'a jamais dit. Voilà pourquoi lorsque Jésus a été baptisé par Jean Baptiste la Bible dit une voix fit entendre du ciel et dit celui-ci est mon fils bien-aimé en qui j'ai mis toute mon affection "Écoutez-le" pourquoi l'écouter ? Parce qu'il est la somme de tout ce que Dieu peut dire, peut penser, dira et n'a jamais dit.

La dispensation de la grâce est la meilleure chose que Dieu ait pourvue pour nous, parce qu'à maintes reprises les écritures ont prédit le jour où le Seigneur Jésus-Christ ouvrirait la porte de la grâce au monde entier « *Voici tu appelleras des nations que tu ne connais pas et les nations qui ne te connaissent pas accourront vers toi, à cause de l'Éternel ton Dieu, le Saint d'Israël qui te glorifie* » *(Esaïe 55 : 5)*.

Le sacrifice de Jésus-Christ marqua le commencement d'une nouvelle dispensation dans les relations de Dieu avec les hommes, la dispensation de la grâce est une période où tous les liens de nationalité prirent fin, où la grâce de Dieu fut directement apportée à tous les hommes.

a. LA NOUVELLE ALLIANCE

Dieu établis une nouvelle alliance pour accomplir l'ancienne, ayant projeté la nouvelle alliance dès la fondation de la terre, le grand prix de la nouvelle alliance fût celui qui conduisit le Seigneur Jésus à la croix du calvaire où il fut crucifié, afin que par le sang versé à travers le sacrifice de sa vie, une alliance put être faite non seulement avec les juifs mais aussi avec tous les hommes de façon individuelle par laquelle tous les hommes puissent se réconcilier avec Dieu.

Le but de cette nouvelle alliance était d'établir un pont sur le gouffre qui a été créé par le péché et qui séparait l'homme de Dieu. Le seul moyen par lequel un pont pourrait être établi sur ce gouffre, était le prix que Jésus paya, le sang qu'il versa, le sacrifice qu'il fit, l'expiation qu'il fit au moyen de laquelle l'humanité pouvait se réconcilier avec Dieu.

C'est merveilleux que Dieu ait fait la provision, grâce à laquelle l'homme peut vaincre le péché et revenir au Seigneur Jésus et que par-dessus tout, l'amour peut être implanté dans le cœur de l'homme. L'amour envers Dieu et envers l'homme, la loi de l'amour et la nouvelle loi sous la dispensation de la grâce.

Sous cette nouvelle alliance la croix de Christ marque l'effacement de l'acte dont les ordonnances nous condamnaient, la dispensation de la grâce s'ouvre pour restaurer la vie éternelle que l'homme avait perdue autres fois en croyant en Jésus-Christ. Parce que tous les hommes, y compris les juifs sont pécheurs *(Romains 3 : 9-12, Éphésiens 2 : 1-3).*

b. LA PLACE DE JÉSUS SOUS LA DISPENSATION DE LA GRÂCE

1. JESUS EST PRESENTE COMME UNE REPONSE A TOUTES LES QUESTIONS POSEES

Sous cette dispensation de la grâce Jésus nous est envoyé ou présenté comme étant la réponse à la question tant posée au temps de la loi, comme c'est fût le cas d'Isaac le fils d'Abraham.

Un jour Abraham était sur le point d'offrir son fils Isaac, il a élevé un autel sur lequel il y avait le feu, le bois et lui-même portait un couteau à la main, mais le problème qui se posait ce qu'il manquait l'agneau qui devait servir pour l'holocauste. Le voyant cela il posa la question à son père en disant *"Je vois le feu, je vois le bois mais où est l'agneau ? "* Telle est la question qui a été posé par Isaac (Genèse 22 : 4-6)

Quand il a posé cette question il cherchait à connaître l'agneau qui devait servir pour l'holocauste malheureusement son père n'a pas répondu à cette question, il a juste dit *" À la montagne de l'Éternel il sera pourvu "*, mais lorsque Jean Baptiste baptisait il a vu Jésus de loin et il cria " voici l'agneau de Dieu qui ôte les péchés du monde" (Jean 1 : 29).

Isaac qui cherchait à connaître l'agneau qui devait servir pour l'holocauste au temps de la loi et il posa la question *" Mais où est l'agneau "* puis Jean Baptiste apparait dans le temps de la grâce pour dire *"Voici l'agneau"*.

Directement vous comprendrez que Jean Baptiste a répondu à la question d'Isaac, c'est à dire que Jean Baptiste a présenté comme étant la réponse à la question posée par Isaac.

2. JÉSUS EST PRÉSENTÉ COMME LA SOLUTION MÊME DANS LE DOMAINE DU PÉCHÉ

Vous allez voir lorsque Adam et Ève avaient péché contre Dieu en mangeant l'arbre défendu, ils se rendirent compte qu'ils étaient nus, après avoir pris conscience de cette triste réalité, ils se cachèrent loin de la face de Dieu. L'unique solution qu'ils avaient pu mettre en place était celle de prendre les feuilles pour se faire des vêtements *(Genèse 3 : 7 -8)*.

Bien qu'ils se sont fabriqués des vêtements pour essayer de couvrir leur nudité, mais ils avaient toujours conscience de cette triste réalité, ceci nous enseigne que toute solution mise en place par l'homme sans que Dieu ne trouve sa place est éphémère. Tout effort fourni par l'homme sans y associer Dieu n'aboutit pas. C'est Dieu qui avait une bonne solution et quelle est la solution ?

Lorsque nous lisons *(Genèse 3 : 21)* l'écriture nous confirme que Dieu fit à Adam et Ève un vêtement de peau d'animal. Pour que Dieu puisse revêtir Adam et Ève, il avait d'abord tué un animal, il enlève sa peau en suite il cousit un vêtement pour couvrir leur nudité. Mais le livre de Genèse n'identifie pas l'animal qui a été tué dans le jardin d'Éden. *Alors qu'elle est cet animal ?*

Cherchons l'identité de cet animal que Dieu tua dans le jardin d'Eden pour revêtir Adam et Ève.

La Bible dit dans *Proverbes 27 : 26 « Les agneaux sont pour te vêtir et les boucs pour payer les champs ».* Cette portion d'écriture dit que l'agneau sert à nous vêtir, c'est grâce à ce verset du livre des proverbes que nous trouvons l'identité de l'animal que Dieu tua dans le jardin d'Eden pour revêtir Adam et Ève, l'animal en question c'est « **L'agneau** » c'est à dire que Adam et Ève ont été vêtus de la peau de l'agneau pour couvrir leur nudité.

À vrai dire c'est Adam et Ève qui avaient péché mais c'est un agneau qui paya le prix du péché à leur place, parce que c'est cet animal qui fût tué par Dieu à leur place et sa peau servit aux pécheurs de couvrir leur nudité. Ainsi nous comprenons que l'agneau innocent qui a été tué dans le jardin d'Eden pour expier le péché Adam et Ève c'est l'image de notre Seigneur Jésus-Christ car c'est lui l'agneau de Dieu qui est mort à la croix du calvaire à cause de nos péchés *(Jean 1 : 29, Esaïe 53 : 1-9).*

Si c'est cet animal qui a résolu le problème du péché d'Adam et d'Ève c'est à dire qu'il a été préparé comme une solution avant que l'homme ne tombe dans le péché, comme pour dire que Jésus est la solution qui avait été prévue avant même qu'Adam et Ève ne désobéissent à Dieu.

Ici Dieu s'est servi d'une phrase qui dit *" Vaut mieux prévenir que guérir "* c'est à dire Dieu savait entre guillemets qu'Adam et Ève allaient tomber dans le péché pour ce fait il a préparé d'avance un animal pour palier au problème du péché. Le Seigneur Jésus-Christ est l'animal qui a été préparé d'avance dans le jardin d'Eden pour résoudre le problème du péché. Il a été préparé afin de nous procurer :

- ❖ Le salut perdu
- ❖ La vie perdue
- ❖ Le vêtement perdu
- ❖ La gloire perdue etc.

QUELQUES ÉLÉMENTS DU TEMPS DE LA GRÂCE

Les éléments du temps de la grâce, ce sont les choses que nous devons vivre, qui doivent arriver ou s'accomplir pendant ce temps de la grâce qui sont. Faute de temps nous ne saurons pas entrer en détail de chaque élément.

- La repentance et la conversion *(Matthieu 3 : 1- 8)*
- Le perfectionnement de l'église *(Éphésien 4 :11 -12)*
- L'Apostasie *(1Timothée 4 : 1-2)*
- La croissance de la connaissance *(Daniel 12 : 4).*

Ici deux classes d'êtres humains existent dans le monde, la première les pêcheurs perdus (Païens) et la seconde les pêcheurs sauvés (Juifs). Pendant cette dispensation il n'y a plus aucune différence entre juifs et païens, tous peuvent être sauvés par le salut en Jésus-Christ, il n'y a pas de situation intermédiaire pour les hommes du temps de la grâce qui doivent choisir de croire en Jésus-Christ ou de le rejeter. C'est la période de l'annonce de la bonne nouvelle à tous les hommes de la terre, c'est la période du salut gratuit.

❖ **FONCTIONNEMENT DU TEMPS DE LA GRACE**

Cette dispensation fonctionne avec deux choses :

- LA FOI
- LA GRACE

Cette dispensation fonctionne avec la foi. Et la foi dont il est question est non seulement de croire en Jésus-Christ comme le fils de Dieu, mais aussi croire en l'œuvre salvatrice de son sacrifice à la croix, le salut qui nous lave de tout pêché *(Jean 3 : 16-36, Actes 16 : 30 -32, Éphésiens 2 : 8).* Dans cette dispensation le pardon du péché est disponible car Christ est mort pour les péchés du monde *(Jean 1 : 29, Colossiens 1 : 12-14).*

Elle fonctionne également avec la grâce c'est à dire le salut est gratuit, c'est la dispensation du pardon gratuit de nos péchés au moyen de la foi en Jésus-Christ, puisque cette grâce en Christ s'obtient par la foi, c'est à dire c'est une dispensation de la gratuité où Dieu demande à l'homme de croire en son nom, en son sacrifice expiatoire, en sa résurrection et en ses paroles etc.

Donc le salut s'obtient uniquement par la foi, il ne peut s'obtenir par la vue car sans quoi la foi ne pourrait s'exercer *(Éphésiens 2 : 8 -10).*

Dès l'instant où L'homme pourra voir le sauveur; le salut par la foi deviendra impossible, par le fait même que chacun pourra voir de ses yeux le sauveur, ça veut simplement dire que cette période prendra fin à l'instant précis où chacun pourra voir Christ de ses propres yeux le Seigneur Jésus lors de l'enlèvement où la période du pardon gratuit sera donc terminée *(1Thessaloniciens 5 : 2-4, Matthieu 25 : 13).*

Cette dispensation s'est déroulée lors du sacrifice de Jésus à la croix du calvaire et prendra fin lors de l'enlèvement de l'église, c'est-à-dire c'est l'enlèvement qui va marquer la fin de la période de la grâce. Ainsi donc l'enlèvement de l'église est le point culminant entre le temps de la grâce et la grande tribulation.

L'ENLEVEMENT DE L'ÉGLISE ET LE RETOUR DE JÉSUS-CHRIST

INTRODUCTION

Dans ce calendrier prophétique de Dieu l'enlèvement de l'église représente un évènement capital, qui aura lieu au temps choisi par Dieu le père. Nous parlerons de l'enlèvement en profondeur, ses étapes, ses caractéristiques, son but et bien d'autres choses qui suivront après l'enlèvement de l'église.

Lorsque le Seigneur Jésus-Christ reviendra chercher son épouse. Ce premier retour de Jésus-Christ c'est ce que nous appelons L'épiphanie, ce sera un moment clé pour l'accomplissement d'une succession d'évènements annoncés dans les écritures par des paroles Prophétiques et ainsi prédéterminé par la volonté souveraine de Dieu.

Certes Jésus-Christ reviendra prendre son épouse qui est l'église pour laquelle il s'est sacrifié et ce retour pour l'enlèvement marquera le début de la tribulation qui frappera tous ceux qui resteront sur la terre.Cet enseignement sur la fin de temps va répondre à tant de questions.

 Je vous encourage donc à méditer ces vérités Prophétiques de la parole de Dieu dans un esprit de prières afin qu'elles vous soient réellement révélées.

Jésus a fait la promesse de son retour à ses apôtres *(Actes 1 : 11)*. Non seulement il a prédit son retour physique mais il a également promis de venir chercher l'église qui est son épouse *(1Corinthiens 15 : 51 -54, 1Thessaloniciens 4 : 13-18)*.

Trop souvent les chrétiens confondent ces deux événements en un seul, nous allons donc étudier à la lumière des écritures afin de réaliser qu'ils sont distincts : L'un concerne l'enlèvement de l'église et l'autre le retour de Jésus-Christ (Sa seconde venue).

Il est à noter qu'il existe trois venues de Jésus-Christ entre autres :

1. La venue de Jésus-Christ comme (Sacrificateur), lors de sa naissance : Lors de cette venue Jésus était venu comme un serviteur souffrant venu non pour être servi mais pour servir et donner sa vie en rançon de tous *(Marc 10 : 45)*.

Cette première venue de Jésus-Christ a déjà eut lieu. C'est quand il est venu sur terre sous la forme d'un bébé dans une mangeoire à Bethléem, selon la prophétie.

2. La venue de Jésus-Christ comme (Époux), lors de l'enlèvement de l'église : Lors de cette deuxième venue, Jésus viendra comme un voleur dans le secret et son épouse qui est l'église l'attend avec impatience.

C'est cette venue que nous attendons tous en tant qu'épouse *(Matthieu 25 : 6 -10, 1 Thessaloniciens 5 : 2)*.

3. La venue de Jésus-Christ comme (Roi), lors de l'établissement du règne millénaire : Lors de cette troisième venue Jésus-Christ reviendra encore une fois sur la terre pour instaurer le royaume de mille ans (Millenium), il est dit que : Voici il vient avec les nuées et tout œil le verra, même ceux qui l'ont percé; et toutes les tribus de la terre se lamenteront à cause de lui *(Apocalypse 1 : 7)*.

LE VOCABULAIRE LIÉ AUX VENUES DE JÉSUS-CHRIST

Pour bien distinguer ces deux évènements; l'enlèvement et le retour de Jésus-Christ, il nous faut d'abord comprendre le vocabulaire qui est employé pour les décrire, le vocabulaire a son importance car il devient une source d'arguments pour certaines positions.

D'où deux mots grecs sont en relation avec les venues de Jésus-Christ, nous allons les analyser dans leurs contextes et essayer de les faire comprendre soit avec l'enlèvement de l'église soit avec le retour de Jésus-Christ dans certains cas sans pouvoir définir vraiment leur application. Ces différents mots sont :

« Epiphaneia » qui signifie : Apparition, manifestation, ce mot était utilisé pour désigner l'apparition glorieuse d'une divinité cachée.

Bref : L'épiphanie c'est l'apparition de Jésus-Christ dans les airs, il viendra pour son épouse, pour que cette dernière prenne part à cette rencontre elle doit être trouvée pur et sans tâches. L'épiphanie correspond à ce que l'on appelle enlèvement de l'église *(1Tim 6 : 14, 2 Tim 4 : 1- 8)*

« Parousia » qui signifie : Arrivée, Retour, ce mot désignait le retour d'un roi, d'un empereur, d'un gouverneur dans une ville ou dans une province, cette venue est majestueuse parce qu'elle est accompagnée d'une gloire, des honneurs etc. Ceci correspond à ce que l'on appelle le retour de Jésus-Christ.

 Bref la parousie sera un évènement important qui marque la venue de Jésus-Christ comme roi pour établir le règne millénaire ce que l'on appelle Millenium *(2 Thessaloniciens 1 : 7, Matthieu 25 : 31).*

L'ENLEVEMENT DE L'ÉGLISE (L'ÉPIPHANIE, 1 THESSALONICIENS 4 : 13 -18)

L'épiphanie c'est l'apparition de Jésus-Christ devant un peuple qui l'attend avec impatience dont personne ne connait ni le jour, ni l'heure.

1 Pierre 1 : 6-7 « Cela ce qui fait votre joie, quoique maintenant puisqu'il le faut, vous soyez attristé pour un peu de temps par diverses épreuves, afin que l'épreuve de votre foi plus précieuse que l'or périssable, qui cependant est éprouvé par le feu, ait pour résultat la louange, la gloire et l'honneur lorsque Jésus-Christ apparaîtra. »

1 Timothé 6 : 13 « De garder le commandement et de vivre sans tâches, sans reproche jusqu'à l'apparition de notre Seigneur Jésus-Christ. »

Sur base des versets précédant nous comprenons que L'épiphanie correspond à l'enlèvement de l'église, parce que ces écritures font référence à l'enlèvement. Ainsi l'enlèvement de l'église c'est la venue de Jésus-Christ comme Époux dans le secret où il ne va pas prévenir, c'est à dire il viendra comme un voleur *(1Thessaloniciens 5 :2-4, Apocalypse 3 :3, Apocalypse 16 :15, Matthieu 25 :13, Matthieu 24 :43).*

Il sied de signaler que le retour du Seigneur se fera en deux temps :

Il viendra d'abord dans les airs comme un voleur pour venir chercher en secret son épouse qui est l'église *(Apocalypse 3 : 3, Apocalypse 16 :15, 1 Thessaloniciens 5 : 2-4).*

Ensuite il viendra de manière visible pour tous, il reviendra chez lui pour son peuple Israël, pour régner et pour juger le monde à la vue de tous et établir son règne de mille ans *(Marc 14 : 61-62, Luc 21 :27, 1Thessaloniciens 3 : 13, Jude 1 :14, Zacharie 14 : 5)*

CARACTÉRISTIQUES DE L'ENLÈVEMENT DE L'ÉGLISE (EPIPHANIE)

L'enlèvement et le retour de Jésus-Christ sont souvent confondus. Il est d'ailleurs parfois difficile de déterminer auquel de deux événements un verset biblique fait référence. Pourtant dans l'étude les prophéties bibliques concernant la fin des temps il est très important de les distinguer.

Lors de l'enlèvement, Jésus-Christ reviendra pour prendre son église qui est composée des croyants en Christ, ces derniers seront enlevés de la terre et iront à la rencontre du Seigneur dans les airs (1 Thessaloniciens 4 : 15 -17)

Lors de l'enlèvement touchera les morts et les vivants (1Thessaloniciens 4 : 15-17).

Lors de l'enlèvement Dieu n'a pas destiné l'église à subir la colère à venir (Romains 5 : 9, 1 Thessaloniciens 1 : 10, 1 Thessaloniciens 5 : 9)

L'enlèvement se fera de la terre vers le ciel, les chrétiens iront à la rencontre du Seigneur dans les airs (1 Thessaloniciens 4 :17).

L'enlèvement aura lieu avant la grande tribulation car Dieu ne nous a pas destiné à la colère avenir (1Thessaloniciens 5 : 9, Apocalypse 3 : 10)

L'enlèvement se passera dans le secret où Jésus viendra comme un voleur, il ne va pas prévenir (1Thessaloniciens 5 : 2-4, Matthieu 24 : 42 -44)

L'enlèvement est imminent, il peut avoir lieu à tout moment (Tite 2 : 13, 1Corinthiensintiens 15 : 50 -54)

DIFFÉRENCE ENTRE L'ENLÈVEMENT ET LE RETOUR DE JÉSUS-CHRIST

Lors de l'enlèvement l'église ira à la rencontre du Seigneur dans les airs, c'est à dire de la terre vers le ciel (1Thessaloniciens 4 : 17)

Lors du retour, Jésus-Christ viendra du ciel vers la terre (Matt 24 : 30, Marc 14 : 62, Matt 25 : 31, Zacharie 14 : 4)

L'enlèvement se fera d'une manière secrète, il se fera en clin d'œil (1Thessaloniciens 5 : 2, Apocalypse 3:3, 1Corinthiensintiens 15 : 51-52)

Le retour de Jésus-Christ sera visible de tous, tout le monde le verra et il posera ses pieds sur le mont des oliviers et il est dit tout œil le verra (Apocalypse 1 : 7, Matthieu 24 : 29-30, Zacharie 14 : 4)

Lors de l'enlèvement Dieu n'a pas destiné l'église à subir la colère à venir (Romains 5 : 9, 1 Thessaloniciens 1 : 10, 1Thessaloniciens 5 : 9)

Lors du retour de Jésus-Christ le monde subira la colère de Dieu pendant la tribulation (Apocalypse 6 : 17, Apocalypse 15 : 1).

Lorsque Jésus viendra chercher son épouse qui est l'église, il ne posera pas ses pieds sur la terre puisque les chrétiens iront à la rencontre du Seigneur dans les airs. L'enlèvement se fera de façon discrète même si l'absence des chrétiens se fera remarquer. Ces deux événements se distinguent bien par leurs caractéristiques et ils n'ont pas le même impact visuel.

Nous pouvons découvrir au travers de ces différentes caractéristiques qu'il existe effectivement deux événements bien distincts : L'enlèvement de l'église et le retour physique de Jésus-Christ sur la terre. Il serait difficile de croire en un seul et même évènement, car les faits, les chronologies, les circonstances, les directions et les fonctions de Jésus sont différents. Il est donc préférable de comprendre que l'enlèvement n'est pas le retour de Jésus-Christ.

LES DEUX MOUVEMENTS LORS DE L'ENLEVEMENT DE L'EGLISE
(1Thessaloniciens 4 :15-17)

L'enlèvement de l'église touchera les morts et les vivants (1Thess 4 :15-17)

- LA RÉSURRECTION DES MORTS

- LA TRANSFORMATION DES VIVANTS

1 Thessaliens 4 : 15-17 « Voici en effet ce que nous vous déclarons d'après la parole du Seigneur : Nous les vivants restés pour l'avènement du Seigneur, nous ne devancerons pas

ceux qui sont morts, car le Seigneur lui-même a un signal donné à la voix d'un archange et au son de la trompette de Dieu, descendra du ciel et les morts en Christ ressusciteront premièrement, ensuite nous les vivants nous serons tous ensemble enlevés avec eux sur des nuées à la rencontre du Seigneur dans les airs, ainsi nous serons toujours avec le Seigneur.»

Pendant l'enlèvement nous voyons que l'église sera enlevée où les morts en christ ressusciteront premièrement et les vivants seront transformés et ils iront tous à la rencontre du Seigneur (1Thess 4 : 15-17, 1Corinthiens 15 : 50 -54).

Ce qui nous amène à comprendre que l'église est composée des morts et des vivants en Christ, c'est ainsi que lorsque Jésus était à la montagne, voici Moïse et Élie lui sont apparus s'entretenant avec lui (Matthieu 17 : 1 - 3).

Deutéronome 34 : 5 « Moïse, serviteur de l'Éternel, mourut là, dans le pays de Moab, selon l'ordre de l'Éternel. »

En lisant cette portion de Deutéronome on nous présente la mort de Moïse, et selon Jude on nous explique comment l'ange Michael qui se disputait avec le diable le corps de Moïse et que ce dernier n'osa pas porter une parole injurieuse contre le diable (Jude 1 : 9).

En lisant le passage de ***2 Rois 2 : 1 « Lorsque l'Éternel fit monter Élie au ciel dans un tourbillon, Élie partait de Guilgal avec Élisée. »***

Dans ce passage nous voyons Élie être enlevé vivant au ciel, car la bible dit que l'Éternel Dieu fit monter Élie au ciel, contrairement à Moïse qui était mort.

Pourtant la bible déclare pendant l'enlèvement de l'église les morts en Christ ressusciteront premièrement et ils seront transformés ensuite les vivants et ils iront tous à la rencontre du Seigneur, (1Thessaloniciens 4 : 15 -17).

Ainsi d'une manière prophétique Moïse représente les morts en Christ qui ressusciteront lors de l'enlèvement et Élie représente tous les vivants en Christ, c'est à dire Élie représente tous ceux qui seront enlevés vivants et ensemble avec les morts représentant Moïse.

Ils iront tous à la rencontre du Seigneur dans les airs. Tout comme Moïse et Élie étaient venus à la rencontre du Seigneur Jésus à la montagne (Matthieu 17 : 2).

CONCERNANT LES RÉSURRECTIONS

Pour ce qui concerne la résurrection, nous devons savoir qu'il existe deux étapes concernant la résurrection des justes. La première résurrection concerne l'enlèvement de l'église qui se fera avant la tribulation où les morts en Christ ressusciteront premièrement (1 Thessaloniciens 4 : 15 -17,1 Corinthiens 15 : 52 -54).

L'église connaîtra son enlèvement, les morts en Christ ressusciteront premièrement, puis les vivants seront enlevés, comme il est dit les morts en Christ, cette résurrection ne concerne donc que l'église puisque l'église ne traversera pas la tribulation, cet enlèvement se fera avant les moments des troubles que connaîtra la terre. Cette résurrection ne concerne que les chrétiens ou les rachetés. On ne décrit pas la résurrection des non-croyants.

Et la seconde résurrection concerne les martyrs de la tribulation qui se fera à la fin de la tribulation (Apocalypse 20 : 4, Daniel 12 : 1-3). Ce sont les âmes de ceux qui avaient été décapités à cause du témoignage de Jésus et de la parole de Dieu. Cet événement aura lieu après le retour de Jésus-Christ et précédera le Millenium. Cela démontre que l'église sera enlevée avant la tribulation, du moins avant la résurrection des martyrs et de son peuple.

LES ÉTAPES DE L'ENLÈVEMENT (1Thessaloniciens 4 : 15 -17)

Il existe quatre étapes de l'enlèvement qui sont :

- Le retentissement du son de la trompette de Dieu : Le son de la trompette ne sera qu'audible pour les chrétiens qui sont morts en Christ et pour ceux qui seront vivants en ce moment-là, tous les autres ne l'entendront pas car le son de la trompette ne sera entendu que par la foi (Hébreux 11 : 5).
- La résurrection des morts en Christ : À ce stade tous les morts en Christ ressusciteront en premier lieu avec un corps incorruptible lors du retentissement du son de la trompette.
- La transformation des vivants : quand les morts seront ressuscités, les vivants à leur tour seront transfigurés ou transformés et ils revêtiront le corps incorruptible (1Corinthiens 15 : 54).
- La disparition : La dernière étape sera la disparition, c'est à dire, il faut préciser que les chrétiens ne seront pas enlevés comme de la manière dont l'avion s'envole et il disparaît dans le nuage, mais pour les chrétiens lors de l'enlèvement il y aura une disparition totale, parce que ça se fera en clin d'œil (1Corinthiens 15 : 52).

LES PRÉFIGURATIONS DE L'ENLEVEMENT DE L'ÉGLISE

Une préfiguration est une présentation à l'avance d'un événement futur sous forme d'une image ou d'un symbole. Elle est une présentation imparfaite de ce qui doit arriver dans le futur, la préfiguration n'est pas égale à la réalité, elle n'est rien d'autre que l'ombre des choses à venir sous forme d'une image.

Hébreux 10 : 1 « En effet, la loi qui possède une ombre des choses à venir es et non l'exacte représentation des choses, ne peut jamais, par les mêmes sacrifices qu'on offre perpétuellement chaque année, amener les assistants à la perfection. »

Dans ce passage d'Hébreux les saintes écritures déclarent que la loi était une ombre des choses à venir, or il n'y a pas d'ombre sans la réalité. Et si la loi était une ombre des choses à venir, là on peut déduire que la grâce en est la réalité, c'est à dire la réalité de la loi qui est l'ombre c'est la grâce.

C'est pourquoi la loi ne pouvait pas sauver parce qu'il n'y a pas de vie dans l'ombre, si nous coupons l'ombre d'une personne avec un couteau nous n'aurons ni blessure, ni plaies ni encore le sang, pendant que Dieu cherchait le sang pour sauver l'humanité. Mais quant à notre Seigneur Jésus-Christ, il était blessé pour nos péchés, brisé pour nos iniquités, lui qui est venu avec le sang (Esaïe 53 : 4 -7, 1 Jean 5 : 6-8).

Ce qui nous amène qu'avec Jésus nous ne sommes plus dans l'ombre, car la réalité est désormais entrée en œuvre, l'ombre a pris le corps pour devenir une réalité. Ainsi Jésus-Christ est devenu notre réalité en versant son sang à la croix pour le salut de tous (Hébreux 5 : 9, Hébreux 9 : 28).

Par rapport à notre enseignement, la préfiguration de l'enlèvement: c'est justement le fait de représenter l'enlèvement de l'église sous forme d'une image dans la dispensation de la loi qui devrait sûrement être une réalité à la fin de la dispensation de la grâce.

Job 8 : 9 « Car nous sommes d'hier et nous ne savons rien, car nos vies sur la terre ne sont qu'une ombre. »

Les écritures nous montrent que nos vies sur terre ne sont qu'une ombre, c'est à dire la réalité de nos vies apparaîtra un jour quand Christ notre vie paraîtra, alors nous paraîtrons avec lui dans la gloire (Colossiens 3 : 4-6).

C'est qui voudrait dire que nos vies sont en réalité une ombre qui sera visible quand Christ paraîtra, comme pour dire que la réalité de nos vies nous la vivrons le jour de l'enlèvement où nous quitterons cette vie ombre pour une véritable vie éternelle qui est même la vraie vie (Marc 10 : 30)

Voyons à présent quelques exemples des préfigurations de l'enlèvement de l'église.

LOT

Genèse 19 : 15 -17 « Dès l'aube du jour, les anges insistèrent auprès de Lot, en disant lève-tôt, prends ta femme et tes deux filles qui se trouvent ici, de peur que tu ne périsses dans la ruine de la ville (v:16). Et comme il tardait, les hommes le saisirent par la main lui, sa femme et ses deux filles, car l'Éternel voulait l'épargner ; ils l'emmenèrent et le laissèrent hors de la ville (v:17). Après les avoir fait sortir, l'un de deux dit sauve-toi pour ta vie, ne regarde pas derrière toi et ne t'arrête pas dans toute la plaine; sauve-toi vers la montagne de peur que tu ne périsses »

Ici on nous relate comment le péché avait atteint son paroxysme sur Sodome et Gomorrhe au temps de Lot, les hommes se mariaient entre eux, les filles entre elles à telle enseigne que les hommes voulaient coucher avec les anges. Alors Dieu prit la décision de détruire Sodome et Gomorrhe parce que le mal se multipliait du jour le jour.

Puisqu'il s'y trouvait Lot le juste, Dieu envoya ses anges pour faire sortir Lot afin de l'épargner à la colère de Dieu qui pouvait s'abattre sur Sodome et Gomorrhe, l'histoire nous montre qu'avant que la colère de Dieu ne s'abatte sur Sodome et Gomorrhe, Lot y était déjà sorti, il a été épargné avant la colère de Dieu.

Lot c'est l'image de l'église qui sera enlevée avant que la colère de Dieu ne s'abatte sur la terre qui est connue sous le nom de la grande tribulation. C'est à dire l'église ne sera pas présente pendant la période de la grande tribulation car Dieu ne nous a pas destiné à la colère a venir mais à l'acquisition du salut *(1 Thessaloniciens 5 : 9).*

NOÉ

Genèse 7 : 1 -10 « L'éternel dit à Noé; entre dans l'arche, toi et toute ta maison, car je t'ai vu juste devant moi parmi cette génération (v:5). Noé exécuta tout ce que l'Éternel lui avait ordonné (v :7). Et Noé entra dans l'arche avec ses fils et sa femme et les femmes de ses fils (v:10). Sept jours après les eaux du déluge furent sur la terre. »

Ici c'est quand Dieu vit que la méchanceté des hommes était grande sur la terre et que les pensées de leurs cœurs se portaient vers le mal. Dieu fût affligé en son cœur et il prit la décision d'exterminer tous les hommes de la terre.

Puis il dit à Noé de construire une arche parce qu'il fera pleuvoir la pluie pendant 40 jours et 40 nuits et que quiconque n'entrera pas dans l'arche périra. Ne peut avoir une vie sauve que celui qui entrera dans l'arche, lorsque Noé finit de construire l'arche Dieu lui dit d'y entrer lui et sa famille, Sept jours après les eaux du déluge furent sur la terre.

Vous allez remarquer avant qu'il y ait les eaux du déluge sur la terre, Dieu avait dit à Noé et sa famille d'entrer dans l'arche afin d'échapper à ce fléau, c'est à dire Noé et sa famille furent sauvés 7 jours avant la colère de Dieu sous la forme du déluge. Ce mouvement illustre l'enlèvement de l'église avant que la grande tribulation n'arrive car cette dernière est appelée le jour de colère (Esaïe 13 : 9 -10).

LES DEUX CATÉGORIES DE GENS FACE À L'ENLEVEMENT (Matthieu 24 :40)

Il sied de signaler que ce n'est pas tout le monde qui sera pris lors de l'enlèvement de l'église, c'est à dire le jour de l'enlèvement, il y a ceux qui seront enlevés et ceux qui resteront. Lorsque nous lisons (Matt 25 : 1-13) on nous raconte l'histoire de dix vierges qui, allèrent à la rencontre de l'époux, ici nous remarquons qu'il y avait 10 vierges mais c'est seulement cinq vierges sages qui ont rencontré l'époux et qui ont participé aux noces avec lui.

 Dans le passage ci-dessus de l'écriture de Matthieu 25, il est tout à fait clair qu'il existe deux catégories de gens face à l'enlèvement la bible déclare dans *Matthieu 24: 40 « De deux hommes qui seront dans le champ, l'un sera pris et l'autre sera laissé. »*

Luc 17: 34 -35 « Je vous dis en cette nuit-là, de deux personnes qui seront dans un même lit, l'une sera prise et l'autre laissée ; de deux femmes qui moudront ensemble l'une sera prise et l'autre laissée. »

Déjà ces écritures précitées nous confirment qu'il y a deux catégories de gens face à l'enlèvement à l'occurrence :

       ✓ LES ENLEVÉS (LES PRIS)
       ✓ LES NON ENLEVÉS (LES LAISSÉS)

La première catégorie est composée des gens qui seront enlevés le jour où le Seigneur Jésus-Christ reviendra pour prendre son église, cette catégorie ne passera pas dans la grande tribulation.

La seconde catégorie est composée de gens qui rateront l'enlèvement le jour où le Seigneur Jésus-Christ reviendra pour prendre l'église, ce sont eux qui seront sauvés au travers du feu, c'est à dire ils seront sauvés au moment de la grande tribulation (Apocalypse 7 : 13 -14).

LE BUT DE L'ENLÈVEMENT DE L'ÉGLISE

Le but principal de l'enlèvement est celui de retirer l'église avant que la colère de Dieu n'arrive, une fois que l'église est enlevée, il commence un autre temps sur la terre celui de la colère ou du jugement de Dieu.

Dieu a retiré Noé avant que le pire ne se produise, jusqu'au jour où Noé entra dans l'arche et ils ne se doutèrent de rien jusqu'à ce que le déluge les emporte tous (Matthieu 24 : 38 -39).

Dieu fit sortir Lot avant qu'il ne détruise la ville de Sodome, il fut épargné avant que la pluie de feu et du souffre tomba du ciel et les fit périr tous (Luc 17 : 28 -29)

De même que Dieu ne voudra pas que le peuple prenne part à la colère à venir qui est la grande tribulation et au jugement du monde. *Apocalypse 3 : 10 « Parce que tu as gardé la parole de la persévérance en moi, je te garderai aussi à l'heure de la tentation qui va venir sur le monde entier, pour éprouver les habitants de toute la terre. »*

Romains 5 : 9 « À plus forte raison donc, maintenant que nous sommes justifiés par son sang serons-nous sauvés par lui de la colère. »

Qu'est-ce que donc la colère à venir dont parle la Bible exactement ?

Il est à préciser que la colère à venir dont parle la Bible fait référence à deux choses entre autres

Le jugement du monde : Le jugement dont il est question ici c'est l'ensemble des fléaux et des malheurs qui s'abattront sur la terre tels que les guerres et autres, les hommes seront livrés à leur propre méchanceté (Jude 1: 14 -15, Luc 21 : 36, Apocalypse 18 : 10).

1. La grande tribulation : Période d'angoisse, de souffrance et de persécutions de tous les hommes en général, des juifs et *des chrétiens qui rateront l'enlèvement.*

Apocalypse 16 : 1 « Et j' entendis une voix forte qui venait du temple et qui disait aux sept anges: Allez et versez sur la terre les sept coupes de la colère de Dieu.»

Apocalypse 6 : 16-17 « Et ils disaient aux montagnes et aux rochers : Tombez sur nous et cachez-nous devant la face de celui qui est assis sur le trône, et devant la colère de l'agneau. Car le grand jour de sa colère est venu et qui peut subsister ?.»

pocalypse 15 : 1 « Puis je vis dans le ciel un autre signe, grand et admirable : Sept anges.»

Il est donc clair que la colère à venir dont il est question fait référence à la grande tribulation, c'est à dire que la colère de Dieu se manifestera visiblement lors de la tribulation, et cette colère sera causée par l'antéchrist ou la bête, elle va se déverser sur la surface de la terre et le monde va sombrer dans la destruction totale. Ainsi l'église ne connaîtra pas ce temps de colère (1Thessaloniciens 1 : 10, Romains 5 : 9).

Ces versets cités ci-haut sont clairs pour nous faire comprendre que l'église ne connaîtra pas la colère de Dieu. Cette colère qui se manifestera durant la tribulation et que le monde qui refuse de se soumettre à Dieu subira aussi, l'église ne traversera pas la tribulation, mais elle sera enlevée avant ces terribles événements.

Lorsque le Seigneur Jésus reviendra pour prendre l'eglise, cette dernière ira à la rencontre de l'époux dans les airs et elle sera toujours avec le Seigneur. Juste après qu'elle soit enlevée, il y aura une période difficile appelée la tribulation, une période où la colère de Dieu va se déverser sur la surface de la terre. C'est dans cette période que l'antéchrist paraîtra, il descrndra sur la terre pour établir son règne et il sera animé d'une grande colère (Ap 12 : 12).

LES ÉVÈNEMENTS QUI AURONT LIEU AU CIEL APRÈS L'ENLÈVEMENT DE L'ÉGLISE

L'enlèvement de l'église marquera la fin de la grâce (Mathieu 24 :15). Après que l'église soit enlevée il y aura deux événements qui vont se passer là au ciel. (1Thessaloniciens4 :15-17, Mathieu 25 :5-10) :

❖ **LE TRIBUNAL DE CHRIST (2 Corinthiens 5 : 10-11)**
❖ **LES NOCES DE L'AGNEAU (Apocalypse 19 : 7-9)**

1. LE TRIBUNAL DE CHRIST (2 Corinthiens 5 :10)

Romains 14 : 10-12 « Mais toi pourquoi juges-tu ton frère ? ou toi, pourquoi méprises-tu ton frère ? Puisque nous comparaîtrons tous devant le tribunal de Christ. (V:12) Ainsi chacun de nous rendra compte à Dieu pour lui-même.»

2 Corinthiens 5 : 10-11 « Car il nous faut tous comparaître devant le tribunal de Christ, afin que chacun reçoive selon le bien ou le mal qu'il aura fait étant dans son corps.»

Le contexte montre clairement que ces deux passages font référence aux chrétiens devant le tribunal de Christ , les croyants lui rendront donc compte de leur vie. Le tribunal de Christ ne remet pas en question notre salut car celui-ci nous est déjà acquis par le sacrifice de Christ (1Jean 2 : 2).

Tous nos péchés sont pardonnés et nous ne serons plus condamnés(Romains 8 : 1). Donc nous ne devons pas considéré le tribunal de Christ comme un évènement du jugement pour nos péchés.

Le tribunal de Christ c'est un évènement de récompense ou chaque personne sera récompensée pour tout ce qu'il aura fait en bien ou mal. C'est un évènement où chaque personne sera récompensée selon ses propres œuvres. Ce sera comme l'octroi de récompense pour la vie que chacun de nous aura menée (Colossiens 3 :24, Apocalypse 11 :18).

Au tribunal de Christ les croyants seront récompensés en fonction de la fidélité avec laquelle ils auront servi Christ.

Voici quelques critères possibles de ce jugement :

- L'obéissance à la grande mission (Matthieu 28 :18-20)
- La victoire sur le péché (Romains 6 :1-4)
- La maitrise de notre langue (Jacques 3 :1-9)

La bible déclare que les chrétiens recevront différentes couronnes en fonction de la fidélité avec laquelle ils auront servi Christ(1Corinthiens 9 :4-27, 2Timothée 4 : 8, Apocalypse 2 : 10) (Jacques 1 :12) et ces couronnes sont décrites dans(2Timothée 2 : 5, 2 ,1 Pierre 5 : 4).

Ces passages resume bien l'attitude que nous devons avoir à l'égard du tribunal de Christ : « **Heureux l'homme qui tient bon face à la tentation car après avoir fait ses preuves, il recevra la couronne de la vie que le seigneur a promise à ceux qui l'aiment.»**

Pendant que les chrétiens seront enlevés de la terre, ils vivront les jouissances au ciel, une fête totale lors des noces de l'agneau avec le Seigneur de gloire(Apocalypse 12 : 12) qui sera un moment de joie partagé entre L'époux (Christ) et l'Épouse (Église) et les chrétiens seront récompensés selon leurs propres œuvres au tribunal de Christ, en même temps sur la terre il y aura une autre dispensation qu'on appelle la dispensation de la tribulation.

2. LES NOCES DE L'AGNEAU (Matthieu 25 :10, Apocalypse 19 : 7-9)

Apocalypse 19 : 7-9

« Réjouissons-nous et soyons dans l'allégresse et donnons-lui gloire ; car les noces de l'agneau sont venues et son épouse s'est préparée, et il lui a été donné de se revêtir d'un fin lin éclatant, pur. Car le fin lin ce sont les œuvres justes des saints. Et l'ange me dit : Écris : Heureux ceux qui sont appelés au festin des noces de l'agneau ! Et il me dit : ces paroles sont les véritables paroles de Dieu.»

Matthieu 25 : 10

« Pendant qu'elles allaient en acheter, l'époux arriva; celles qui étaient prêtes entrèrent avec lui dans la salle des noces et la porte fut fermée.»

Dans une vision racontée en Apocalypse 19 : 6-9 Jean a vu et entendu une grande foule des personnes louer Dieu pour le festin de noces de l'agneau, le mo*t « Festin »* signifie repas de fête.

Ainsi Le festin de noces de l'agneau c'est une fête de Jésus-Christ comme Époux avec son épouse qui est l'église, cce sera un moment de joie partagé entre Jésus-Christ qui est l'époux et l'église qui est l'épouse du Christ, puisque nous voyons la joie de l'épouse au verset 19 : 7.

La foule qui est dans l'allégresse car elle désire glorifier son Dieu. Cette joie sera provoquée par les noces de l'agneau. Celui qui avait été méprisé et oublié depuis tant de siècles, celui-là va bientôt revenir en gloire. Comment ne peuvent-ils pas être heureux de la victoire de l'agneau sur ce monde ? (Apocalypse19 :6-7).

Tout comme la mariée est toujours bien vêtue le jour de son mariage, de même que l'épouse qui est l'église sera parée pour les noces de l'agneau, elle sera vêtue d'un fin lin éclatant pur. Il a été donné à l'épouse de se revêtir d'un fin lin aussi, l'église a la responsabilité de se préparer à la rencontre de l' époux par une vie digne du Seigneur.

Ce fin lin n'est pas l'œuvre de l'église, mais le don de la grâce de Dieu acquise par la foi et sans mérite personnel (Ephésiens 2 : 8). La parole de Dieu précise que ce fin lin ce sont les œuvres justes des saints. Si l'on étudie le mot grec du terme " Juste " il est en relation avec le mot "Justification " comme dans le passage de Romains 5 : 16 -18.

Cette justification nous a été donnée en Christ. Donc les œuvres justes des saints nommées ici sont le produit de cette justification qu'a connu celui qui naît de nouveau. Ce sont les œuvres préparées d'avance que nous devons pratiquer (Ephésiens 2 : 8 -10). Précisons que tous ne porteront pas les habits de noces comme dans la parabole du festin de noces (Matthieu 22 : 11 -12).

Il faut comprendre que l'église l'épouse du Christ ne sera pas seule aux noces de l'agneau mais il y aura d'autres convives, notamment les saints de l'ancien testament qui ne seront pas encore ressuscité, mais dont les âmes et leurs esprits seront avec nous au ciel.

Comme l'ange avait demandé à Jean d'écrire *« Heureux ceux qui sont invités aux noces de l'agneau ! »* (Apocalypse 19 : 9). Le festin des noces de l'agneau est une célébration glorieuse de tous ceux qui sont en christ. Ce sera donc un moment de pur bonheur à la gloire de l'agneau.

Cette phase du festin de noces de l'agneau se passera lors de l'enlèvement de l'église, quand Christ viendra pour chercher son épouse qui est l'église, la prendra avec lui dans la maison de son père.Le festin des noces de l'agneau aura lieu au ciel entre l'enlèvement (Epiphanie) et le retour glorieux de Christ (Pendant la tribulation sur la terre).

Il est à noter qu'aucune bataille n'a lieu lors de l'enlèvement de l'église, c'est à dire aucune bataille ne précède ou n'accompagne l'enlèvement de l'église, contrairement au retour de Jésus-Christ. Le festin de noces de l'agneau précède chronologiquement le retour de Jésus-Christ. L'église y est conviée en tant qu'Épouse de l'agneau(Apocalypse 19 : 9).

7. LA GRANDE TRIBULATON (l'Antéchrist)

(Apocalypse 6 :1 - Apocalypse 19 : 1)

Cette dispensation commence à l'Epiphanie et elle finit à la parousie, c'est-à-dire la dispensation de la tribulation va commencer à l'enlèvement de l'église et elle finit au retour glorieux de Christ.

Après avoir découvert que seul l'agneau est capable d'ouvrir le livre scellé, Jean devient le témoin du commencement de la tribulation. C'est le livre d'apocalypse qui appelle cette période *« Tribulation »* cette période est la dernière semaine de Daniel, elle correspond aussi à l'apparition du règne de l'antéchrist, parce qu'il est dit l'apparition de cet impie se fera avant le retour de Christ (2 Thessaloniciens 2 : 6 -8).

Selon (Apo 7 : 14). Certainement la deuxième partie de la tribulation ou la deuxième partie des soixante dixièmes semaines de Daniel devrait s'appeler la grande tribulation. L'ouverture du premier sceau annonce 7ans de tribulation sur la terre (Daniel 9 : 24 - 27).

Par définition la tribulation est une période au cours de laquelle le seigneur accomplira deux aspects :

Ça sera une période de 7 ans pendant laquelle Dieu discipline Israël pour le rejet du messie (Daniel 9 :24 -27). C'est une période d'Angoisse pour JACOB mais il en sera délivré *(Jérémie 30 :7)*. L'expression période d'angoisse pour Jacob fait référence à la persécution et aux catastrophes naturelles sans précédent que la nation d'Israël subira pendant cette période.

Ça sera une période de 7ans divisé en deux périodes dont 3ans et demi + 3ans et demi = 3,5+3,5 =7 ; 3 ans et demi = 42 mois ou 1260 jours. Dans cette dispensation il y aura 3 séries de fléaux entre autre :

- **Les 7 sceaux (Apocalypse 5 :1 jusqu'à Apocalypse 8 :1-5)**
- **Les 7 trompettes (Apocalypse 8 :6 jusqu'à Apocalypse15 :19)**
- **Les 7 coupes (*Apocalypse 16 :1-21*).**

Ça ne sera pas seulement une période pendant laquelle Dieu discipline Israël pour son rejet du salut mais ça sera aussi une période pendant laquelle Dieu déverse son jugement sur les habitants de la terre c'est à dire sur les incroyants, les impies, les gens qui n'ont pas cru pendant le temps de la grâce (Apocalypse 6 : 17).

Pendant la période de la tribulation, le diable, l'antéchrist descendra en chair et en os pour tourmenter le monde et tous ceux qui vont rater l'enlèvement. Le diable est un imitateur, comme Dieu est Esprit mais un jour il avait pris le corps et a vécu dans ce monde en chair, de même le diable qui est esprit aujourd'hui prendra chair pendant la période de la tribulation. Malheur à tous ceux qui verront le diable en chair.

Apocalypse 12 : 12 « Malheur à la terre et à la mer, car le diable est descendu vers vous animé d'une grande colère sachant qu'il a peu de temps. »

C'est pendant cette période où l'antéchrist se proclamera comme étant Dieu dans le temple et il voudra que le monde entier puisse l'adorer et adorer son image, ceux qui vont refuser d'adorer la bête ainsi que son image seront tués et décapités.

C'est ici le début de la souffrance de ceux qui rateront l'enlèvement, mais pour ceux qui supporteront ces persécutions et qui garderont la foi jusqu'à la mort seront sauvés mais au travers du feu c'est cette souffrance affreuse que l'antéchrist imposera à ceux qui vont refuser de l'adorer et adorer son image.

QUELQUES ÉLÉMENTS DE LA GRANDE TRIBULATION

Aujourd'hui dans ce monde nous vivons des souffrances, mais après l'enlèvement de l'église ou pendant la grande tribulation la souffrance atteindra son paroxysme.

Cette souffrance frappera seulement tout le peuple qui ratera l'enlèvement ainsi que le peuple d'Israël symbolisé par les cinq vierges folles. C'est pourquoi il est très important de se préparer pour ne pas rater l'enlèvement car après ça il y aura la colère de Dieu qui va s'abattre sur la terre.

D'où pour être sauvé gratuitement, de ce fait la personne qui va traverser cette période est appelée à supporter les persécutions et les souffrances qui lui seront infligées pour être sauvée.

Voici quelques éléments de la tribulation faute de temps nous saurons pas entrer en détail, par contre nous allons essayer de toucher ne fusse que l'ouverture des 7sceaux :

- ✓ Apparition de l'Antéchrist (2 Thessaloniciens 2 : 8 - 10)
- ✓ L'Ouverture des 7 sceaux (Apocalypse 6 :1, Apocalypse 8 : 1)
- ✓ Le retentissement des 7 trompettes (Apocalypse 8 : 2, Apocalypse 10 : 7)

- ✓ Le Ministère de deux témoins (Apocalypse 11 : 3 -8)
- ✓ L'adoration de la bête (Apocalypse 13 : 3 -8)
- ✓ La marque de la bête (Apocalypse 13 : 16)
- ✓ Le déversement des 7 coupes (Apocalypse 16 : 1-21)
- ✓ La bataille d'Harmaguedon (Apocalypse 16 :16)
- ✓ Le retour de Jésus-Christ (Apocalypse 19 :10-16)

L'OUVERTURE DES SEPT SCEAUX (APOCALYPSE 6)

L'église étant enlevée l'homme impie dont parle Paul en 2 Thessaloniciens peut commencer à œuvrer, car plus rien ne le retient *(2 Thessaloniciens 2 : 3 -10)*. L'agneau immolé commence maintenant à ouvrir les 7 sceaux, les uns après les autres, les quatre premiers sceaux seront associés aux quatre êtres vivants qui sont devant le trône qu'on appelle les quatre cavaliers de l'Apocalypse (Apocalypse 6 : 1).

LE PREMIER SCEAU

Apocalypse 6 : 1-2

« Je regardais quand l'agneau ouvrit le premier sceau, et j' entendis l'un des quatre êtres vivants qui disait comme d'une voix de tonnerre : Viens. Je regardais et voici, parut un cheval blanc. Celui qui le montait avait un Arc ; une couronne lui fut donnée et il partit en vainqueur et pour vaincre.»

Dans ce premier sceau nous avons les éléments suivants :

- ✓ Le cheval blanc
- ✓ Celui qui le montait avait un Arc
- ✓ Une couronne lui fut donnée
- ✓ Et il partit en vainqueur et pour vaincre

Le cheval blanc, ici le mot employé pour désigner la couleur blanche du cheval signifie *" clair, lumineux, brillant "* d'une certaine manière ce cavalier aura l'apparence du bien. Il monte sur un cheval blanc ce qui évoque la paix au début de la tribulation, c'est à dire l'Antéchrist viendra sous prétexte d'apporter la paix au monde (Daniel 9 : 27).IL faut préciser que ce cavalier qui est monté sur un cheval blanc n'est pas le Seigneur Jésus-Christ. Attention!

Partout où nous voyons la couleur blanche ne symbolise pas d'office Dieu. Tout ce qui brille n'est pas de l'or, ce cavalier représente l'Antéchrist qui recevra de l'autorité pour remporter la victoire sur toute personne qui s'opposera à lui. Il est l'imitateur de Jésus-Christ qui reviendra également sur un cheval blanc(Apocalypse 19 : 10 -16).

LE SEIGNEUR JÉSUS-CHRIST SUR LE CHEVAL BLANC

Le diable sait très bien que le propriétaire du cheval blanc, c'est le Seigneur Jésus-Christ. C'est pourquoi lui aussi emprunte un faux cheval blanc pour l'imiter. Nous voyons la description du Seigneur Jésus-Christ dans le livre d'Apocalypse 19 : 11 -16 est presque identique à celle du cavalier du premier sceau.

QUELQUES DIFFÉRENCES ENTRE LE CHEVAL BLANC DE L'APOCALYPSE 6 ET CELUI DE L'APOCALYPSE 19

- ✓ Dans Apocalypse 19 : Le cheval blanc vient du ciel (Apocalypse 19 : 10)
- ✓ Dans Apocalypse 6 : Le cheval blanc n'a pas de provenance
- ✓ Dans Apocalypse 19 : Celui qui le montait s'appelle fidèle et véritable et son nom est la parole de Dieu (Apocalypse 19 : 11 - 13).
- ✓ Dans Apocalypse 6 : Le nom de ce cavalier est anonyme, on n'identifie pas son nom (Apocalypse 6 : 2).
- ✓ Dans Apocalypse 19 : Ce cavalier combat avec justice, comme armes; de sa bouche sortait une épée aiguë pour frapper les nations afin d'exécuter l'Ardente colère de Dieu (Apocalypse 19 : 12 -15).
- ✓ Dans Apocalypse 6 : Ce cavalier avait un Arc comme arme et il reçoit une couronne, il part en vainqueur et pour vaincre (Apocalypse 6 : 2)
- ✓ Dans Apocalypse 19 : Ce cavalier est accompagné par des armées célestes, elles le suivent sur des chevaux blancs (Apocalypse 19 : 14)
- ✓ Dans Apocalypse 6 : Ce cavalier semble être seul, bien que la couronne lui fut donnée. Il semblerait que c'est quelqu'un qui sera en mission.
- ✓ Dans Apocalypse 19 : Ce cavalier viendra à la fin de la tribulation(7^{e}trompette).
- ✓ Dans Apocalypse 6 : Ce cavalier viendra au début de la tribulation (1e sceau)

L'ARC DU CAVALIER

L'arc est une arme servant à lancer des flèches, formée d'une branche de bois ou d'une verge soit en métal, soit d'autre matière en forme courbe avec une corde qui s'attache aux deux extrémités. C'est cette arme que le cavalier utilisa pour faire la guerre. Il tient un arc ce qui montre ses véritables intentions et il avance comme un vainqueur.

LA COURONNE LUI FUT DONNÉE

La couronne symbolise la victoire ou l'autorité. Il reçoit une couronne ce qui indique que ce cavalier exercera une grande autorité (Daniel 7 : 24 -25). Pour séduire progressivement le monde entier avec l'objectif de les réunir par une solide alliance pour vaincre. Cette alliance prendra fin au milieu de la tribulation après trois ans et demi et il montrera son vrai visage. Il est certainement l'Antéchrist celui qu'on appelle l'impie.

IL PARTIT EN VAINQUEUR ET POUR VAINCRE

Ce cavalier est vainqueur pour tuer, par contre le Seigneur Jésus-Christ est le grand vainqueur pour sauver. Nous avons donc deux vainqueurs selon *(Psaumes 45 : 5, Apocalypse 6 : 1-2)*. La seule différence c'est que le Seigneur Jésus a vaincu pour nous donner la vie éternelle, l'abondance et la paix etc. Tandis que ce cavalier du premier sceau vain pour tuer, pour amener les gens à la mort. C'est la raison pour laquelle on l'appelle vainqueur.

IL est important de savoir que le cheval blanc du chapitre 6 de l'apocalypse est différent du cheval blanc du chapitre 19 de l'apocalypse. Le cheval blanc de l'apocalypse 6 est une imitation du cheval blanc de l'apocalypse 19, celui de l'apocalypse 6 est un imitateur de l'œuvre de Dieu, il imite la Trinité divine (Père, Fils, Saint-Esprit) par son anti-trinité (Dragon, Antéchrist et Faux prophète) (Matthieu 28 : 19, Apocalypse 16 : 13).

C'est pourquoi il ne faut pas les confondre, l'un concerne l'Antéchrist au début de la tribulation et l'autre concerne le Seigneur Jésus-Christ et son retour en gloire à la fin de la tribulation.

LE DEUXIÈME SCEAU

Apocalypse 6 : 3-4

« Quand il ouvrit le second sceau, j'entendis le second être vivant qui disait : Viens. Et il sortit un autre cheval roux, celui qui le montait reçut le pouvoir d'enlever la paix de la terre, afin que les hommes s'engorgeassent les uns les autres; et une grande épée lui fut donnée. »

Voici les éléments du deuxième sceau

- ✓ Cheval roux
- ✓ Celui qui le montait avait le pouvoir d'enlever la paix de la terre pour que les hommes s'engorgeassent les uns les autres.
- ✓ Une grande épée lui fut donnée.

Comme nous l'avons dit précédemment que le cheval est un animal qui est utilisé pour le combat, pour faire la guerre selon (Deutéronome 20 : 1, Proverbes 21 : 31). Autrement cet homme qui est monté sur le cheval va faire la guerre et veut travailler en toute vitesse afin d'atteindre son but visé.

Deutéronome 20 : 1« *Lorsque tu iras à la guerre contre tes ennemis, et que tu verras des chevaux et des chars et un peuple plus nombreux que toi, tu ne les craindras point, car l'Éternel, ton Dieu qui t'a fait monter du pays d'Égypte, est avec toi. »*

Proverbes 21 : 31 « Le cheval est équipé pour le jour de la bataille, mais la délivrance appartient à l'Éternel.»

Le cheval que ce cavalier a utilisé était roux, or le roux c'est la couleur rouge du feu, ce cavalier vient avec une grande épée pour enlever la paix de la terre et faire que les hommes s'entretuent ou s'égorgent entre eux.

LA MISSION DU DEUXIÈME CAVALIER

Le deuxième cavalier vient pour

- Enlever la paix de la terre
- Faire à ce que les hommes puissent s'entretuer

ENLEVER LA PAIX DE LA TERRE

La bible déclare que cet homme monté sur un cheval roux, va pour enlever la paix de la terre, c'est ici que nous comprenons que ce cavalier n'est pas Jésus-Christ, il est plutôt l'Antéchrist parce que le Seigneur Jésus n'était pas venu pour enlever la paix par contre pour nous la donner, il a déclaré lui-même *«Je vous laisse la paix et je vous donne ma paix.»* (Jean 14 : 27, Jean 16 : 33).

Ce qui nous amène à comprendre que cet homme qui chevauche un cheval roux dont la mission est d'enlever la paix de la terre, pour faire que les hommes s'engorgeassent n'est pas le Seigneur Jésus c'est plutôt l'Antéchrist. Le cheval blanc viendra pour séduire les nations et féra une solide alliance avec plusieurs. IL semblerait qu'une paix mondiale soit instaurée au début de la tribulation. Or le cheval roux vient faire la guerre.

Comme nous l'avons vu Daniel 9 : 27 nous apprends que l'antéchrist fera au début de la tribulation une alliance avec plusieurs, il n'est pas dit avec toute la terre ! Certainement que ces conflits concerneront les peuples qui auraient refusé cette alliance avec l'antéchrist, ce qui expliquerait simultanément l'alliance de paix et de guerre. l'Antéchrist recevra le pouvoir d'enlever la paix de la terre certainement qu'il sera soutenu par ceux avec qui il a fait une solide alliance au début de la tribulation.

Au delà d'enlever la paix de la terre, ce cavalier vient aussi avec une mission de pousser les hommes à s'égorger, la présence du cheval roux, c'est pour faire une guerre sanglante il représente les terribles guerres qui vont éclater à la fin de temps.

LE TROISIÈME SCEAU

Apocalypse 6 : 5-6

«Quand il ouvrit le troisième sceau, j'entendis le troisième être vivant qui disait : Viens. Je regardais et voici paru un cheval noir, celui qui le montait tenait une balance dans sa main. Et j' entendis au milieu de quatre êtres vivants une voix qui disait: Une mesure de blé pour un denier et trois mesures d'orge pour un denier; mais ne fait point de mal à l'huile et au vin.»

Dans ce troisième sceau nous avons les éléments suivants :

- ✓ Un cheval noir
- ✓ Celui qui le montait tenait une balance dans sa main
- ✓ Une mesure de blé pour un denier et trois mesures d'orge pour un denier.

CHEVAL NOIR

La couleur noire peut symboliser beaucoup de choses mais pour ce cas il symbolise le malheur qui va déverser durant la tribulation.

LA BALANCE

Le cavalier tenait une balance dans sa main, mais pourquoi et quelle est son utilité ?

La balance est un instrument de mesure qui sert à peser les poids des éléments pour déterminer leur masse. Elle est également utilisée comme symbole de l'égalité et de la justice en droit.

Dans la bible la balance est souvent le symbole de la famine selon (Lévit 26 : 26, Ezéchiel 4 :16-17). Ceci fait référence à une grande famine qui aura lieu en ce jour-là et qui sera provoquée par le deuxième cavalier à cause de la guerre.

Lévitique 26 : 26 « Lorsque je vous briserai le bâton du pain, dix femmes cuiront votre pain dans un seul four et rapporteront votre pain au poids; vous mangerez et vous ne serez point rassasiés .»

Ezéchiel 4 : 16-17 « Il me dit encore: Fils de l'homme, je vais briser le bâton du pain à Jérusalem; ils mangeront du pain au poids et avec angoisse et ils boiront de l'eau à la mesure et avec épouvante. Ils manqueront de pain et d'eau, ils seront stupéfaits les uns et les autres et frappés de langueur pour leur iniquités.»

Pourtant le texte met l'accent sur une inflation des prix. La mesure de blé et la mesure d'orge connaîtront une forte hausse de prix. La nourriture deviendra excessivement cher et onéreuse puisqu'un dénier équivalait à une journée de travail (Matt 20 : 2). Pourtant l'huile et le vin semblent encore accessibles. Certainement que l'écart entre les riches et les pauvres s'intensifiera. Seuls les pauvres connaîtront cette famine.

Ce qui nous amène à comprendre que ce cavalier du troisième sceau viendra pour instaurer une grande famine, c'est que la guerre apportée par le second cavalier conduira à une pénurie alimentaire.

LE QUATRIÈME SCEAU

Apocalypse 6 : 7-8

«Quand il ouvrit le quatrième sceau, j'entendis la voix du quatrième être vivant qui disait : Viens. Je regardais et voici paru un cheval d'une couleur pâle, celui qui le montait se nommait la mort. Et le séjour des morts l'accompagnait. Le pouvoir leur fut donné sur le quart de la terre, pour faire périr les hommes par l'épée, par la famine, par la mortalité et par les bêtes sauvages de la terre.»

Les éléments du quatrième sceau sont :

- ➢ Un cheval pâle
- ➢ Celui qui le montait se nommait la mort
- ➢ Et le séjour des morts l'accompagnait
- ➢ Les quatre fléaux : L'épée, la famine, la mortalité, et les bêtes sauvages

LA COULEUR PÂLE

Le quatrième cheval est d'une couleur pâle, généralement une personne qui manque de sang et qui est sur le point de mourir, elle devient pâle, c'est qui veut dire que ce cavalier utilise le cheval de la couleur pâle pour faire périr les vies humaines. Lui-même se nommait la mort et le séjour des morts l'accompagnait.

Il lui fut donné le pouvoir sur une partie de la terre. Un quart précisément, les trois autres quarts de la terre ne sont pas sous son pouvoir. Sa mission est de faire périr tous les habitants de la terre par l'épée, la famine, la mortalité et les bêtes sauvages. Si l'on considère la population actuelle, cela représente environ un milliard sept cent millions de personnes qui mourront lors de l'ouverture du quatrième sceau.

Ces fléaux ont été déjà utilisés par Dieu pour punir les hommes de l'ancien testament, vous comprendrez que c'est Dieu lui-même qui permettra à cela arrive lors de l'ouverture du quatrième sceau.

Ezéchiel 14 : 21 *« Oui ainsi parle le Seigneur l'Éternel ; quoique j'envoie contre Jérusalem mes quatre châtiments terribles, l'épée, la famine, les bêtes féroces et la peste pour en exterminer les hommes et les bêtes.»*

Ce cavalier du quatrième sceau aura le pouvoir de faire périr un quart d'hommes de la terre par ces quatre fléaux : l'épée, la famine la peste et les bêtes sauvages. Il est le symbole de la mort et semble être une combinaison des trois premiers cavaliers.

Le quatrième apportera avec lui plus de guerre et de terribles famines avec des plaies et des maladies. Et le comble c'est que les quatre cavaliers de l'Apocalypse ne sont que les précurseurs des jugements ultérieurs de la tribulation qui seront encore bien pires (Apocalypse 8 : 9, Apocalypse 16).

LE CINQUIÈME SCEAU

Apocalypse 6 : 9-11

« Quand il ouvrit le cinquième sceau, je vis sous l'autel les âmes de ceux qui avaient été immolés à cause de la parole de Dieu et à cause du témoignage qu'ils avaient rendu. Ils crièrent d'une voix forte, en disant: Jusques à quand, Maître saint et véritable, tarde-tu à juger, et à tirer vengeance de notre sang sur les habitants de la terre. Une robe blanche fut donnée à chacun d'eux; et il leur fut dit de se tenir en repos quelque temps encore, jusqu'à ce que fût complet le nombre de leurs compagnons de service et de leurs frères qui devaient être mis à mort comme eux.»

Ici Jean voit maintenant les âmes de ceux qui avaient été immolés à cause du témoignage qu'ils avaient rendu de la parole de Dieu. Cette multitude des âmes est différente de l'église, parce que cette dernière sera déjà au ciel.

Les âmes immolées dont il est question sont certainement les martyrs de la tribulation qui ressusciteront à la fin de la tribulation parce qu'ils auront accepté de mourir à cause du témoignage de Jésus (Apocalypse 20 : 4).

Ce témoignage ne s'arrêtera pas jusqu'à ceux qui sont en vie devraient compléter les martyrs. La parole de Dieu sera annoncée par des hommes et des femmes ayant accepté de mourir pour que d'autres soient sauvés.

Des robes blanches furent données à ces martyrs, ils revêtiront ces robes en témoignage de la pureté de ceux qui sont sous la protection du sang de Christ et ont l'approbation de leur Seigneur (Apocalypse 7: 9-14). Le fait que ces âmes immolées soient sous l'autel, cela voudrait dire que leur sacrifice n'égale pas à celui de Christ, car celui de Christ est une âme sur l'autel pour sauver le monde (Lévitique 17 : 11, Esaïe 53 : 11).

LE SIXIÈME SCEAU

Apocalypse 6 : 12-17

« Je regardai, quand il ouvrit le sixième sceau; et il y eut un grand tremblement de terre, le soleil devint noir comme un sac de crin, la lune entière devint comme du sang, et les étoiles du ciel tombèrent sur la terre, comme lorsqu'un figuier secoué par un vent violent jette ses figues vertes. Le ciel se retira comme un livre qu'on roule; et toutes les montagnes et les îles furent remuées de leurs places. Les rois de la terre, les grands, les chefs militaires, les riches, les puissants, tous les esclaves et les hommes libres, se cachèrent dans les cavernes et dans les rochers des montagnes. Et ils disaient aux montagnes et aux rochers: Tombez sur nous, et cachez-nous devant la face de celui qui est assis sur le trône, et devant la colère de l'agneau; car le grand jour de sa colère est venu, et qui peut subsister ?.»

Le sixième sceau sera accompagné de 7 évènements terribles :

- ➢ Un grand tremblement de terre
- ➢ Le soleil s'obscurcit
- ➢ La lune devient rouge
- ➢ Les étoiles tombent du ciel sur la terre
- ➢ Le ciel se retire
- ➢ Les montagnes sont remuées de leur place
- ➢ Les îles sont remuées de leur place

Ce tremblement de terre sera à l'échelle mondiale, puisque les dégâts qu'il provoquera touchera toutes les catégories d'hommes, c'est à dire tous les hommes de la terre, peut être que ces tremblements de terre seront produits par la chute des étoiles sur la terre, le soleil perdra sa lumière, la lune deviendra rouge et les étoiles tomberont sur la terre et le ciel se retirera.

Selon ces versets on cite huit catégories d'hommes qui sont effrayés : les rois, les dirigeants, les chefs militaires, les riches, les pauvres, les puissants, les esclaves et les hommes libres. Cela signifie que les dégâts du sixième sceau atteindront tous les hommes de la terre, quelle que soit leur condition sociale.

Tous à cause des dégâts que ce tremblement causera, ils tenteront de se cacher dans les cavernes et dans les rochers des montagnes, ils préféreront la mort face à celui qui est assis sur le trône (Osée 10 : 8).

Les hommes veulent se cacher devant l'agneau, c'est à dire qu'ils comprendront que ces cataclysmes proviennent de Dieu, ils comprendront sûrement que le jour de la colère de Dieu est venu, mais pourquoi ne se repentent -ils pas ?

En lisant **Esaïe 2 : 19 - 20 « On entrera dans les cavernes des rochers Et dans les profondeurs de la poussière, Pour éviter la terreur de l'Éternel et l'éclat de sa majesté, Quand il se lèvera pour effrayer la terre. En ce jour, les hommes jetteront Leurs idoles d'argent et leurs idoles d'or, Qu'ils s'étaient faites pour les adorer, Aux rats et aux chauves-souris; »**

En lisant cette portion d'écriture, Dieu est en train de reprocher l'idolâtrie des hommes au verset 20 après avoir été effrayés par l'éclat de l'éternel Dieu, ils jetteront leurs idoles. Certainement il s'agit ici d'Israël qui reconnaîtra enfin en Christ le Messie.

LE SEPTIÈME SCEAU

Apocalypse 6 : 9-11

« Quand il ouvrit le septième sceau, il y eut dans le ciel un silence d'environ une demi-heure. Et je vis les sept anges qui se tiennent devant Dieu, et sept trompettes leur furent données.»

Le septième sceau concerne un temps de silence d'une demie heure, il n'est pas précisé où se situe ce silence, c'est à dire au ciel, sur la terre où dans l'univers. Pourtant nous trouvons ce silence même dans certains passages de l'ancien testament :

Sophonie 1 : 7

« Silence devant le Seigneur, l'Éternel! Car le jour de l'Éternel est proche, Car l'Éternel a préparé le sacrifice, Il a choisi ses conviés.»

Habacuc 2 : 20

« L'Éternel est dans son saint temple. Que toute la terre fasse silence devant lui !.»

Dans ces quelques portions d'écriture ce silence n'a pas bon signe du tout, parce qu'il dit le jour de l'éternel est proche, car il s'est levé pour exercer sa colère sur tous les hommes.

RÉSUMÉ : Lorsque l'agneau ouvrit le septième sceau, il eût un silence d'environ d'une demie heure, les jugements qui conduisent à la fin de la tribulation sont maintenant visibles.

Eh donc l'ouverture du septième sceau introduit le début d'une prochaine série de fléaux qui sont les sept trompettes, car Jean voit immédiatement à qui l'on remet des trompettes prêtes à être sonnées. Après une série de fléaux sur les 7 trompettes, une dernière série de fléaux qui sont les sept coupes.

Une fois les fléaux de sept sceaux terminés, la partie suivante de la tribulation comprenant une autre série des fléaux provoqués par une trompette peut commencer.

La dispensation de la tribulation prendra fin au retour de Christ, lorsque Jésus-Christ reviendra pour établir le royaume de mille ans(Millenium), il reviendra avec l'église et les anges pour sauver Israël après avoir passé la tribulation(Apocalypse 19 :11-13).

LE RETOUR DE JÉSUS-CHRIST (PAROUSIE)

Le retour de Jésus-Christ appelé autrement la seconde venue de Christ, c'est la deuxième venue de Jésus-Christ après l'enlèvement où Christ reviendra comme roi avec les armées célestes dans le but d'établir le règne millénaire que l'on appelle Millenium. Où Jésus régnera pendant mille ans avec Israël son peuple et l'église.

CARACTÉRISTIQUES DU RETOUR DE JÉSUS-CHRIST (PAROUSIE)

Lors du retour de Jésus-Christ les croyants qui ont été enlevés autres fois reviendront sur terre avec lui (Apocalypse 19 :14)

Lors du retour, Jésus-Christ reviendra pour Israël et pour les martyrs de la tribulation(Apocalypse 20 : 4)

Le retour de Jésus-Christ aura lieu après la grande tribulation (Apocalypse 6 :17)

Lors du retour Jésus-Christ reviendra avec les armées qui sont dans le ciel (Apocalypse 19 : 14)

Le retour de Jésus-Christ est accompagné d'une bataille, la bataille d'Harmaguedon a lieu lors du retour de Jésus-Christ (Apo 19 :11-21)

Lors du retour de Jésus-Christ le monde subira la colère de Dieu durant la tribulation et plus précisément à Harmaguedon (Apocalypse 6 :17, Apocalypse 15 :1)

Le retour de Jésus-Christ sera visible de tous, où il posera ses pieds sur le mont des oliviers et il est dit tout oeil le verra (Apocalypse 1 : 7, Mathieu 24 :29-30)

Le retour de Jésus-Christ n'aura lieu qu'après d'autres événements de la fin des temps tels que : La proclamation de l'antéchrist comme Dieu dans le temple et que Jésus détruira, il faut donc que l'antéchrist apparaisse avant que Jésus ne le détruise lors de son retour (2Thessaloniciens 2 :4 -8, Apocalypse 19 : 6 -21).

Après les jours de détresse et autres. Bref le retour de Jésus-Christ aura lieu après la grande tribulation (Marc 13 :24 -26, Matt 24 :15-30, Apo 6 :17)

Lors du retour, Jésus viendra combattre les nations (Zacharie 14 : 3 -4, Apo 19 : 11). Il posera ses pieds sur la montagne des oliviers vis à vis de Jérusalem du côté de l'Orient et de l'Occident. Aussitôt l'antéchrist et les dix rois qui ont reçu une autorité d'une heure viendront combattre (Apocalypse 17 : 14).

Retenons que lors du retour, Christ reviendra avec les armées célestes qui les suivront sur des chevaux blancs, ce qui prouve que le retour de Jésus-Christ sera accompagné d'une bataille que l'on appelle Harmaguedon.

LA BATAILLE D'HARMAGUEDON

Signification d'Harmaguedon »

Harmaguedon signifie « Montagne de Meguido » en hébreu « *Har* » signifie Montagne et « *Meguidon* » signifie « *Écraser, Massacrer* » c'est un champ de bataille prophétique où les rois du monde entier se rassembleront pour faire la guerre, au grand jour de l'éternel (Apo 16 : 16). Ce nom évoque les combats sanglants qui eurent lieu près de la ville de Meguido au bord de la plaine de Jizreel.

La bible nous dit que des royaumes (Soph 3 : 8), une multitude immense de toutes les nations (Mich 4 : 11-12), tous les rois de la terre ainsi que des rois venant de l'Orient se rassembleront à harmaguedon dans la vallée du jugement(Apo 16 : 12, Joël 3 : 14).

Cette bataille sera conduite par l'antéchrist et une coalition de dix rois qui recevront une autorité d'une heure. Il est écrit que toutes les nations se rassembleront aussi, le monde entier se rassemblera à harmaguedon et se préparera à affronter Jésus-Christ (Apo 17 : 12 -14).

Christ remportera finalement la bataille d'Harmaguedon, la bête et le faux prophète seront pris et jetés immédiatement dans l'étang de feu et de souffre. Les nations quant à elles, seront tuées par l'épée du cavalier et dévorées par les oiseaux du ciel. On pourrait s'étonner ici que les nations ne soient pas jetées également dans l'étang de feu directement. Certainement qu'ils rejoignent le séjour des morts en attendant la résurrection des injustes et leur jugement final au grand trône blanc. C'est alors qu'ils seront jetés dans l'étang de feu avec le séjour des morts (Apocalypse 20 : 11 -15).

Une fois la bataille d'Harmaguedon achevée, le calme s'installe. l'Antéchrist et le faux prophète seront jetés dans l'étang de feu (Apocalypse 19 : 20).

Le diable quant à lui sera lié, un ange descendra du ciel avec la clé de l'abîme et une grande chaîne dans sa main afin de lier satan pour une durée de mille ans. Il sera jeté dans l'abîme qui est fermé et scellé au dessus de lui (Apocalypse 20 : 1 -3).

8. LE RÈGNE MILLÉNAIRE (MILLENIUM) (APOCALYPSE 20: 4 -7)

La dispensation du Millenium est la plus vaste de toutes qui mérite à lui seul un chapitre. Nous allons nous y attarder un peu en compressant les éléments qu'il renferme car le Millenium c'est un événement important pour les chrétiens.

Cette dispensation commence au retour glorieux de Jésus-Christ (Parousie) et elle finit au jugement du grand trône blanc qui est le jugement dernier.

Le Millenium c'est un règne de mille ans de Jésus sur la terre après la tribulation avant que tous les habitants du monde ne soient envoyés au paradis ou en enfer. Jésus régnera en tant que roi sur Israël ainsi que sur toutes les nations du monde (Esaïe 2 : 4).

Esaïe 2 : 4 « Il sera le juge des nations, l'arbitre d'un grand nombre de peuples. De leurs glaives, ils forgeront des hoyaux et de leurs lances des serpes : une nation ne tirera plus l'épée contre une autre et l'on apprendra plus la guerre.»

QUELQUES ÉLÉMENTS DU MILLENIUM

Voici les quelques éléments du règne millénaire (Millenium)

> ➤ L'emprisonnement du diable (Apocalypse 20 : 1-3)
> ➤ La résurrection des martyrs de la tribulation (Apocalypse 20 :4-6)
> ➤ Le déliement du diable après le Millenium (Apocalypse 20 : 7-8)

L'EMPRISONNEMENT DU DIABLE

Pendant cette dispensation du Millenium le diable sera lié, un ange descendra du ciel avec la clé de l'abîme et une grande chaîne dans sa main afin de le lier pour une durée de mille ans. Il sera jeté dans l'abîme qui est fermé et scellé au-dessus de lui et il ne peut plus séduire les nations (Apocalypse 20 : 1 -3).

Et le monde vivra en paix et tout le monde adorera Dieu (Esaïe 11 : 6-9, Esaïe 2 : 2-3). Le but du règne de mille ans est d'accomplir les promesses que Dieu a faites au monde et qui ne peuvent être tenues tant que satan est libre et les humains détiennent l'autorité politique.

LA RÉSURRECTION DES MARTYRS DE LA TRIBULATION

Apocalypse 20 : 4

« Je vis des trônes ; et à ceux qui s'y assirent fut donné le pouvoir de juger. Et je vis les âmes de ceux qui avaient été décapités à cause du témoignage de Jésus et à cause de la parole de Dieu et de ceux qui n'avaient pas adoré la bête, ni son image, et qui n'avaient pas reçu la marque sur leur front et sur leur main. Ils revinrent à la vie et ils régnèrent avec Christ pendant mille ans.»

Il faudrait savoir qu'après L'enlèvement de l'église et lors de la grande tribulation, de nombreuses personnes accepteront Jésus dans leur vie. Seulement avec la domination de la bête qui est l'antéchrist, elles connaîtront la persécution et seront décapités à cause du nom de Jésus. Mais ces personnes auront démontré une foi véritable comme les chrétiens de l'église primitive, prêts à donner leur vie pour Jésus-Christ.

Et donc la résurrection des martyrs de la tribulation concerne les âmes de ceux qui avaient été décapités pendant la tribulation à cause du témoignage de Jésus et à cause de la parole de Dieu et de ceux qui n'avaient pas adoré la bête, ni son image et qui n'avaient pas reçu la marque de la bête. Cet événement aura lieu après le retour de Jésus-Christ, mais il précède le Millenium parce que ceux qui vont accepter de mourir pour Jésus-Christ doivent ressuscité pour régner avec lui pendant mille ans (Apocalypse 20 : 4).

Ces personnes qui accepteront de mourir pour Jésus-Christ pendant la tribulation c'est eux que nous appelons les martyrs de la tribulation, et ils ressusciteront aussi pour le Millenium.

LE BUT DU MILLENIUM

Le but principal du règne de mille ans est d'accomplir les prophéties données à Israël et les promesses faites à Jésus, aux nations et à la terre entière. Toutes ces promesses s'accompliront pendant le Millenium. À titre d'exemple : La prophétie de la naissance de Jésus.

LA PROPHÉTIE DE LA NAISSANCE DE JÉSUS-CHRIST

Esaïe 7 : 14 « C'est pourquoi le Seigneur lui-même vous donnera un signe, voici la jeune fille deviendra enceinte, elle enfantera un fils, et elle lui donnera le nom d'Emmanuel.»

Lorsque nous analysons cette prophétie nous constatons qu'elle est une prophétie à double accomplissement, on appelle prophétie à double accomplissement lorsqu'elle s'accomplit deux fois, de deux manières différentes et à des endroits différents, dont le premier accomplissement est partiel et le second accomplissement sera total.

Cette prophétie d'Esaïe s'est accomplie pour la première fois lors de la naissance de Jésus-Christ. Où on lui donna le nom d'Emmanuel c'est qui signifie *« Dieu parmi nous »* (Matthieu 1 : 22 -23).

Selon cette prophétie d'Esaïe 7 : 14, Esaïe prophétise le futur tout en parlant du passé; car selon cette écriture le Seigneur Jésus sera nommé Emmanuel, cette prophétie prendra chair totalement dans le Millenium, car c'est dans le Millenium que Jésus viendra habiter au milieu de nous comme Emmanuel.

Car depuis que Jésus est né Marie et Joseph ne l'avaient jamais appelé Emmanuel, donc cette prophétie s'accomplira totalement dans le Millenium où Jésus sera notre Emmanuel, car c'est là que le nom d'Emmanuel aura tout son sens. Où il sera Dieu parmi nous et nous serons son peuple (Ezéchiel 37 : 27, Jérémie 32 : 38, Zacharie 8 : 8).

Pendant le Millenium les hommes vivront plus longtemps : celui qui mourra à cent ans, sera très jeune (Esaïe 65 : 20, Zacharie 8 : 4). Ce royaume sera marqué par la présence de Dieu. Israël reconnaîtra alors son Dieu (Esaïe 12). Et Dieu appellera Israël par son nom, précisant qu'il lui appartient (Esaïe 43 : 1).

LE DÉLIEMENT DU DIABLE APRÈS MILLE ANS

Après les mille ans satan sera relâché, délié pour un peu de temps. C'est ici toute la souveraineté de Dieu qui est démontrée. Lorsque le temps est venu, Dieu agit selon ses dessins et rien ne peut empêcher son plan de s'accomplir.

Dieu reste et restera pour l'éternité le maître de l'histoire de ce monde. Une fois relâché après mille ans le diable séduira à nouveau les nations, il réunira les nations de tous les quatre coins de la terre afin de les rassembler pour la guerre à la bataille de Gog et Magog (Apo 20 : 7 - 8).

LA BATAILLE DE GOG ET MAGOG

Une fois que satan aura séduit les nations, il les réunira pour faire la guerre, le nombre de son armée est comme le sable de la mer. C'est à dire la taille de son armée et le nombre d'opposants à Christ. Satan investira le camp des saints, c'est à dire la ville bien aimée qui n'est rien d'autre que Jérusalem (Apocalypse 20 : 8 - 9).

Si satan a pû réunir les nations pour les mener à Jérusalem, c'est à dire sa défaite s'accomplira aussi rapidement. Au moment qu'ils seront devant Jérusalem un feu descendra du ciel et les dévorera satan et ses armées. Le diable sera jeté dans l'étang de feu pour ainsi rejoindre la bête et le faux prophète et leur sort sera désormais éternel (Apocalypse 19 : 20, Apocalypse 20 : 10).

En résumé : La bataille de Gog et Magog sera une attaque lancée par le diable contre la nation d'Israël qui aura lieu après le Millenium, c'est à dire à la fin du règne de mille ans, cette bataille aura pour résultat la destruction de tous ses ennemis. À la fin de cette bataille satan sera jeté dans l'étang de feu et de souffre, où il demeura éternellement.

LES ÉLÉMENTS DE LA BATAILLE DE GOG ET MAGOG

Voici les quelques éléments autour de la bataille de Gog et Magog :

- Satan sera libéré de la prison après avoir purgé mille ans (Apocalypse 20 : 7)
- Il va réunir encore ses armées pour attaquer le camp des saints (Apocalypse 20 : 8)
- Un feu descendra du ciel pour dévorer satan et son armée (Apocalypse 20 : 9)
- Le diable sera jeté dans l'étang de feu (Apocalypse 20 : 10, Matthieu 25 : 41)

LE JUGEMENT DU GRAND TRÔNE BLANC

Avant que soit prononcé le dernier jugement, le ciel et la terre s'enfuiront devant Dieu(2 Pierre 3 : 7 -10). La terre telle que nous l'avons connu et l'univers disparaîtront pour toujours avant de connaître une nouvelle terre et des nouveaux cieux (Apocalypse 21 : 1).

LES ÉLÉMENTS DU JUGEMENT DU GRAND TRÔNE BLANC

Les événements autour du jugement du grand trône blanc :

L'apparition du trône blanc pour le jugement (Apocalypse 20 : 11).

La deuxième résurrection des morts pécheurs afin qu'ils soient jugés chacun selon ses œuvres (Apocalypse 20 : 13).

L'ouverture des livres.

La deuxième mort, la condamnation éternelle des impies pour qu'ils soient jetés dans l'étang de feu (Apocalypse 20 : 14 - 15).

Jean 5 : 22 « Le Père ne juge personne, mais il a remis tout jugement au Fils, »

Ce verset déclare que Dieu ne juge personne, mais qu'il a remis à Christ tout jugement. Ce qui nous amène à comprendre donc que la personne assise sur le grand trône blanc pour juger c'est notre Seigneur en Jésus-Christ (Jean 12 : 47 -48, Actes 10 : 42, Apocalypse 3 : 21).

Ce grand trône est le symbole de la justice parfaite de Dieu, Dieu démontre par ce trône que sa justice s'accomplira telle qu'il l'avait déclaré. Comme les saints et les martyrs de la tribulation ont déjà connu leur résurrection, il ne reste que les non croyants que la bible appelle les morts, ils ressusciteront au grand trône blanc, les petit et les grands. Ils se tiendront devant le trône blanc sans pouvoir y échapper (Apocalypse 20 : 12).

La bible déclare dans ***Hébreux 9 : 27 « Et comme il est réservé aux hommes de mourir une seul fois, après quoi vient le jugement, »***. Ainsi refuser Christ de son vivant conduit tout droit au grand trône blanc. Une fois qu'ils se présentent devant le trône blanc, des livres seront ouverts, ces livres comportent les œuvres, les péchés, les paroles mauvaises, les secrets des hommes etc...(Matthieu 10 : 26, Matthieu 12 : 36).

Par contre il y a un livre qui se démarque des autres : c'est le livre de vie on le rencontre également dans les passages ci-dessous :

Psaumes 69 : 29 « Qu'ils soient effacés du livre de vie, Et qu'ils ne soient point inscrits avec les justes! »

Apocalypse 3 : 5 « Celui qui vaincra sera revêtu ainsi de vêtements blancs; je n'effacerai point son nom du livre de vie, et je confesserai son nom devant mon Père et devant ses anges.»

Apocalypse 20 : 15 « Quiconque ne fut pas trouvé écrit dans le livre de vie fut jeté dans l'étang de feu.»

C'est à dire tous ceux dont le nom ne figurera pas dans le livre de vie seront jetés dans l'étang, malheureusement cette grande foule qui se tiend devant le grand trône blanc connaîtra ce sort. Et la sentence prononcée c'est la seconde mort et plus précisément l'étang de feu. La mort sera définitivement vaincue (1Corinthiensinthiens 15 : 26).

RÉSUMÉ : Le jugement du grand trône blanc c'est le dernier jugement à la fin duquel les non croyants seront jetés dans l'étang de feu.

La bible nous apprend que ce jugement aura lieu après le Millenium et que satan, l'antéchrist qui est la bête et le faux prophète auront été jetés dans l'étang de feu (Apocalypse 20 : 7-11).

Après s'être présenté au jugement du grand trône blanc, les livres qui seront ouverts contiendront les œuvres bonnes ou mauvaises de tout un chacun (Psaumes 28 : 4, Romains 2 : 6, Apocalypse 2 : 23).

Au moment un autre livre sera ouvert, le livre de vie qui détermine si une personne héritera la vie éternelle avec Dieu ou subira la souffrance éternelle dans l'étang de feu. Bien que les chrétiens sont tenus pour responsables de leurs actes, ils sont pardonnés en Christ et leurs noms sont inscrits dans le livre de vie depuis la création du monde (Apocalypse 17 : 8).

L'ÉTERNITÉ

Nous voici à présent loin des terribles fléaux de la tribulation, c'est ici la fin de toutes choses, la fin de la terre, la fin des cieux, bref la fin du monde. Voici à présent quelques événements autour de l'éternité.

UN NOUVEAU CIEL ET UNE NOUVELLE TERRE

Nous voici à la fin de toutes choses, loin des terribles fléaux de la tribulation. Ici tout est devenu nouveau, cela nous rappelle que, lorsqu'un homme naît de nouveau, tout devient nouveau car il devient une nouvelle créature (2 Corinthiens 5 : 17). Pareillement pour cette nature qui a tant souffert à cause du péché de l'homme (Romains 8 : 22) renaîtra comme cela avait été annoncé (2 Pierre 3 : 7).

LA NOUVELLE JÉRUSALEM

Dans la bible, le paradis est comparé à une ville qui est la nouvelle Jérusalem qui se trouve dans les cieux, c'est une cité permanente (Hébreux 13 : 14). ceci nous amène à comprendre que le paradis sera sur terre parce la bible révèle que la nouvelle Jérusalem descend du ciel d'auprès de Dieu, elle est d'en haut, elle est donc céleste mais qui s'installera sur la terre. C'est à dire nous vivrons le ciel sur la terre (Apocalypse 21 : 2, Apocalypse 3 : 12).

La nouvelle Jérusalem ou le paradis est une ville dans laquelle les sauvés habiteront pour l'éternité. C'est ici où commence l'éternité, c'est ici le début de la fin du monde; pour dire que l'enlèvement de l'église n'est pas la fin du monde, il marque plutôt la fin de la grâce (Matthieu 24 : 14).

LES CARACTÉRISTIQUES DE LA NOUVELLE JÉRUSALEM

1. La nouvelle Jérusalem sera caractérisée par une justice parfaite (2 Pierre 3 : 13) : Puisque Dieu sera présent pour l'éternité au milieu de son peuple (Psaumes 123 : 1), ce qui voudrait dire que le péché ayant disparu, cette justice parfaite sera appliquée par les rachetés (Apocalypse 21 : 3, Psaumes 103 : 19, Ezéchiel 48 : 35).

2. La nouvelle Jérusalem sera caractérisée par l'adoration permanente (Apocalypse 21 : 22) : Il n'y aura plus de temple puisque Dieu et l'agneau seront eux-mêmes le temple pour la nouvelle Jérusalem.

3. La nouvelle Jérusalem sera caractérisée par une lumière divine (Apocalypse 21 : 23 -25) : Puisqu'il n'y aura plus de soleil ni de lune car la lumière viendra directement de Dieu qui éclairera la nouvelle Jérusalem. C'est la gloire de Dieu et celle de l'agneau qui éclairera la ville comme un flambeau (Esaïe 60 : 19 - 20). Concernant l'éclat de la nouvelle Jérusalem, il sera semblable à celui d'une pierre de jaspe transparente comme du crystal (Apocalypse 21 : 11).

4. La nouvelle Jérusalem sera caractérisée par le Luxe (Apocalypse 21 : 18) : Puisque la ville sera d'or pur semblable à du verre pur. On peut imaginer le luxe de la nouvelle Jérusalem.

5. La nouvelle Jérusalem sera caractérisée par une vie de sainteté et une joie parfaite (Apocalypse 21 : 4 -5) : Il n'y aura plus ni cri, ni deuil, ni douleur, c'est à dire la douleur, la souffrance, les larmes, le deuil disparaîtront. Les rachetés ne connaîtront pas de péché ni la tentation (Apocalypse 21 : 8 -27), car satan déjà jeté dans l'étang de feu pour l'éternité (Apocalypse 20 : 10).

6. La nouvelle Jérusalem sera caractérisée par douze portes (Apocalypse 21 : 21) : la nouvelle Jérusalem possédera douze portes dont trois à l'Orient, trois autres nord, trois au sud et trois à l'Occident. Sur les douze portes étaient écrit des noms, ceux des douze tribus des fils d'Israël (Apocalypse 21 : 12). Et ces portes ne se fermeront point le jour car là il n'y aura point de nuit (Apo 21 : 25).

7. La nouvelle Jérusalem sera caractérisée par douze fondements (Apocalypse 21 : 14) : La nouvelle Jérusalem possède aussi douze fondements, sur lesquels seront marqués douze noms, ceux de douze apôtres de l'agneau. C'est à dire la nouvelle Jérusalem sera bâtie sur les mêmes fondements que l'église, qui a été édifiée sur les fondements des apôtres et des prophètes, Christ étant lui-même la pierre angulaire (Ephésiens 2 : 20). C'est ici une parfaite réunion des saints de l'ancien testament avec l'église (Ephésiens 2 : 11 - 21).

8. La nouvelle Jérusalem sera caractérisée par une grande et haute muraille (Apocalypse 21 : 12 -17) : La nouvelle Jérusalem sera entourée d'une muraille mesurant 144 coudées, sur laquelle il y a douze fondements qui sont ornés de pierre précieuse de toute espèce. D'où le premier fondement est d'une pierre de jaspe, le second de saphir, le troisième de calcédoine, le quatrième d'émeraude, le cinquième de sardonyx, le sixième de sardoine, le septième de chrysolithe, le huitième de béryl, le neuvième de topaze, le dixième de chrysoprase, le onzième d'hyacinthe et enfin le deuxième d'améthyste. Au moins sept des pierres précieuses étaient utilisées pour le pectoral du souverain sacrificateur (Exode 28 : 17 -21).

9. La nouvelle Jérusalem possède une place au milieu (Apocalypse 22 : 2) : La nouvelle Jérusalem possède également une place, au milieu de la ville et sur les deux bords du fleuve, il y avait un arbre de vie. La place de la ville est en or pur comme un verre transparent (Apocalypse 21 : 22).

10. La nouvelle Jérusalem sera caractérisée par un éclairage divin (Apocalypse 22 : 5) : La nouvelle Jérusalem n'aura pas besoin d'éclairage, ce ne sera plus le soleil ou la lune qui éclaireront la ville, ce sera désormais la gloire qui éclairera.

LA PRÉSENCE DE L'ARBRE DE VIE

L'arbre de vie dans le jardin d'Éden, Adam et Ève se nourrissaient qui semblait leur donner l'éternité (Genèse 3 : 22). Lors de la chute, Dieu plaça les chérubins devant le jardin, afin que l'homme ne puisse plus accéder au jardin et ainsi manger du fruit de l'arbre de vie (Genèse 3 : 24).

Dès lors l'homme mourut de plus en plus jeune, cet arbre de vie sera à nouveau dans le paradis de Dieu (Apocalypse 2 : 7). Il sera placé au milieu de la ville et sur les deux bords du fleuve (Apocalypse 22 : 2). Cet arbre est le symbole de l'œuvre de Christ dispensant la vie à tous.

UN FLEUVE D'EAU DE LA VIE

Un fleuve d'eau de la vie, lipide comme du crystal, ce fleuve sortira de dessous le trône de Dieu et de l'agneau (Apocalypse 22 : 1). Durant le Millenium, une source d'eau vive coulera sous l'autel et se répandra dans la région, offrant la vie à tout être humain qui se meut (Ezéchiel 47 : 1-9, Joël 3 : 18, Zacharie 14 : 8).

Dans la nouvelle Jérusalem, un fleuve d'eau de la vie sortira du trône de Dieu et de l'agneau pour étancher la soif (Apocalypse 21 : 6), qui est le symbole du don de vie éternelle qui est la conséquence de la présence de Dieu au milieu des hommes.

LES PAROLES DU TRÔNE

Après avoir annoncé la création d'une nouvelle terre et de nouveaux cieux, plusieurs paroles jaillissent du trône, elles décrivent la nouvelle relation entre Dieu et les rachetés, ainsi que l'accomplissement de nombreuses promesses.

- **La communion entre Dieu et les hommes (Apocalypse 21 : 3)**

Une première parole s'écrie d'une voix forte que la nouvelle Jérusalem est à présent le tabernacle de Dieu avec les hommes. C'est à dire le créateur et la créature habiteront ensemble comme autrefois dans le jardin d'Éden. Les croyants seront son peuple et Dieu sera avec eux pour leur assurer la joie et la vie, car les premières choses auront disparues.

Si donc autrefois l'homme a été séparé de Dieu à cause du péché, aujourd'hui l'homme se rapproche de Dieu grâce à Jésus, c'est à dire celui qui aura placé sa foi en Jésus-Christ se rapprochera de Dieu et profitera de sa présence éternellement. Jésus-Christ est donc la restauration de la vie éternelle qu'avaient perdue Adam et Ève autrefois.

- **Le renouvellement (Apocalypse 21 : 5)**

Une seconde parole vient du temple toutes choses ont été faites nouvelles, que ce soit la nature qui est renouvelée, la relation entre Dieu et les hommes qui est aussi renouvelée, toutes les choses de l'éternité ne ressembleront à rien à celles que nous connaissons aujourd'hui, que le péché ayant entaché l'œuvre bonne de Dieu autrefois.

Nous connaîtront à présent la pure perfection de Dieu. Ces choses nouvelles seront en fait ce que Dieu a été et sera pour l'éternité. On demande à Jean d'écrire ces paroles car elles certaines et véritables. La voix du trône s'adresse à Jean directement et lui annonce plusieurs choses.

Plusieurs accomplissements des promesses divines (Apocalypse 21: 6 - 9) :
- ✓ La promesse de la victoire : Ici la voix du trône se présente elle-même, elle s'identifie à l'Alpha et l'Omega, c'est à dire celui qui n'a ni commencement ni fin. C'est ici une déclaration de l'éternité de Dieu, celui qui était, qui est, et qui vient (Apo 1 : 8). C'est également une déclaration de la souveraineté de Dieu qui était le premier, c'est à dire le commencement et qui est le dernier c'est à dire la fin. En cela il déclare que toutes choses lui sont soumises et que la victoire finale ne pouvait que lui revenir.
- ✓ La promesse d'une soif étanchée : Cette voix fait comprendre qu'elle est la source de la vie éternelle, elle offre d'étancher la soif gratuitement à la source de l'eau de la vie, cela nous fait penser à Christ qui, lui aussi a offert cette

eau. Il dit à la femme samaritaine Jean 4 : 14 « Mais celui qui boira de l'eau que je lui donnerai n'aura jamais soif, et l'eau que je lui donnerai deviendra en lui une source d'eau qui jaillira jusque dans la vie éternelle.» Ces eaux jailliront du fleuve d'eau de la vie qui est limpide comme du cristal et qui sortira du trône de Dieu et de l'agneau (Apocalypse 22 : 1).

✓ La promesse de l'héritage : Ici cette voix rappelle en disant « Celui qui vaincra » profitera de plusieurs promesses. Il pourra manger de l'arbre de vie (Apocalypse 2 : 7) et il ne subira pas la seconde mort (Apocalypse 2 : 11). Il obtiendra de la manne cachée et un caillou blanc sur lequel un nom nouveau sera écrit (Apocalypse 2 : 17), il sera vêtu d'un vêtement blanc et son nom ne sera pas effacé du livre de vie (Apocalypse 3 : 5). Il deviendra une colonne dans le temple de Dieu portant le nom de Dieu et de la ville de Dieu (Apocalypse 3 : 12). Il s'assiera sur le trône de Christ (Apocalypse 3 : 21), recevant l'autorité sur les nations (Apocalypse 2 : 26) et héritant de toutes ces choses (Apocalypse 21 : 7).

Bref le croyant deviendra l'héritier de Christ comme nous dit Romains 8 : 17 « Or, si nous sommes enfants, nous sommes aussi héritiers: héritiers de Dieu, et cohéritiers de Christ, si toutefois nous souffrons avec lui, afin d'être glorifiés avec lui.» La filialité jusqu'alors acceptée par la foi deviendra une réalité palpable.

ENCOURAGEMENT

Il est bon de considérer aussi le sort de ceux qui ont accepté de mettre leur confiance en Jésus-Christ. Jean reçoit donc la révélation que les rachetés, c'est à dire le peuple de Dieu et ses serviteurs ne connaîtront plus la mort , ni le deuil , ni le cri ni la douleur (Apocalypse 21).

Ils verront désormais la face du Dieu qu'ils auront servi et en qui ils ont placé leur confiance (Apocalypse 22 : 3). Ils seront également les fils d'un père bon et parfait (Apocalypse 21 : 7). Possédant la marque d'appartenance à Dieu sur leurs fronts (Apocalypse 22 : 4). Ainsi les rachetés serviront Dieu éternellement régnant avec lui aux siècles des siècles (Apocalypse 22 : 5).

CHAPITRE 3 : LA PROPHÉTIE SUR L'ÉLÉVATION DE DANIEL

(DANIEL 2 : 48)

1 Corinthiens 3 : 14 -15 «Si l'œuvre bâtie par quelqu'un sur le fondement subsiste, il recevra une récompense. Si l'œuvre de quelqu'un est consommée, il perdra sa récompense ; pour lui il sera sauvé comme au travers du feu.»

Ce passage met l'accent sur la qualité de l'oeuvre du serviteur de Dieu, c'est à dire que si les œuvres de quelqu'un sont de bonnes qualités comme l'or, l'argent et les pierres précieuses, elles seront récompensées. Mais si les œuvres sont de mauvaises qualité comme le bois, les foins et les chaumes, ces œuvres seront consumées et il n'y aura pas de récompense, pour lui il sera sauvé comme au travers du feu.

Le terme *" Il sera sauvé comme au travers du feu "* dans ce passage le « Feu » illustre la souffrance, les persécutions etc.Ce terme fait référence à la persécution qui aura lieu pendant la période de la grande tribulation, une période à laquelle il sera trop tard pour être sauvé gratuitement, de ce fait la personne qui va traverser cette période est appelée à supporter les persécutions et les souffrances qui lui seront infligées pour être sauvée.

Pendant cette période ça ne sera plus la dispensation de la grâce, ici l'homme ne sera pas sauvé par la grâce par contre il sera sauvé par les œuvres c'est dans la dispensation de la grâce que nous sommes par la grâce au moyen de la foi afin que personne ne se glorifie (Eph 2 : 8 -9).

Daniel 2 : 48 - 49

« Ensuite le roi éleva Daniel, et lui fit de nombreux et riches présents; il lui donna le commandement de toute la province de Babylone, et l'établit chef suprême de tous les sages de Babylone. Daniel pria le roi de remettre l'intendance de la province de Babylone à Schadrac, Méschac et Abed Nego. Et Daniel était à la cour du roi.»

Il s'agit ici de Daniel et ses compagnons Schadrac, Méschac et Abed Nego, au chapitre 1 de Daniel nous voyons que ces quatre hommes étaient ensemble, ils vivaient tous ensemble, parce que lorsque le roi Nebucadnetsar avait donné l'ordre à Aschpenaz le chef des eunuques d'amener quelques uns des enfants d'Israël pour servir dans le palais du roi, ces derniers étaient présents (Daniel 1 : 4 -8).

Mais un jour lorsque le roi avait eut un songe et qu'il l'oublia complètement, il s'est mis à chercher celui qui pouvait lui rappeler le songe et lui donner son explication.

Et Daniel se présenta dans la cour du roi pour lui rappeler le songe et son explication, et lorsqu'il révéla le songe et son explication au roi, la bible déclare qu'il fût élevé dans la cour du roi et il a été établi comme chef de tous les sages de Babylone.

Juste après que Daniel soit élevé dans la cour du roi, nous voyons au chapitre 3 le roi Nebucadnetsar élever une statue d'or en établissant une loi et la loi qui a été instaurée était celle de se prosterner devant la statue et de l'adorer. Et tous ceux qui refuseraient de se prosterner devant la statue et de l'adorer seront jetés au milieu d'une fournaise ardente (Daniel 3 : 2-7).

L'ÉLÉVATION DE DANIEL DANS LA COUR ROYALE SYMBOLE DE L'ENLÈVEMENT DE L'ÉGLISE

La première vérité que nous avons pû tirer dans cette histoire c'est que l'élévation de Daniel dans la cour du roi symbolise l'enlèvement de l'église, parce qu'au départ Daniel et ses compagnons vivaient ensemble. Mais lorsque Daniel révéla le songe et son explication au roi, il fut directement élevé tandis que ses trois amis sont restés.

Juste après que Daniel fusse élevé il eût l'instauration d'une loi qui stupilait la souffrance de quiconque qui refuserait de se prosterner devant la statue et de l'adorer, c'est à dire il sera jeté dans la fournaise de feu.

Nous constatons avant qu'il y ait instauration de cette loi qui stipule l'adoration de la statue d'or, Daniel serait déjà élevé dans la cour du roi, autrement dit, avant que la colère du roi ne s'abatte sur les autres Daniel serait déjà épargné.

Ce qui nous amène à comprendre Daniel c'est l'image de la véritable l'église qui sera enlevée avant que la colère de Dieu ne s'abatte sur la terre et cette colère est connue sous le nom de la tribulation. C'est à dire l'église ne sera pas présente lors de la grande tribulation, elle sera déjà délivrée de la colère à venir (Rom 5 : 9, 1 Thessaloniciens 1 : 10). Elle sera dans la gloire avec Jésus au ciel comme Daniel élevé dans la gloire par le roi (Matt 25 : 10).

1 Thessaloniciens 1 : 10

« Et pour attendre des cieux son Fils, qu'il a ressuscité des morts, Jésus, qui nous délivre de la colère à venir.»

Romains 5 : 9

« A plus forte raison donc, maintenant que nous sommes justifiés par son sang, serons-nous sauvés par lui de la colère.»

LA GRANDE TRIBULATION AVEC LES TROIS

AMIS DE DANIEL RESTÉS

Daniel seul fut élevé dans la cour du roi, au moment où ses trois amis avec qui il vivait étaient restés. Ici nous tirons une grande leçon : c'est que le salut est une affaire individuelle ou personnelle. Daniel va seul tout en laissant ses amis (Matthieu 24 : 40 -42).

C'est pourquoi chers bien-aimés dans le Seigneur ne ratons pas le ciel à cause de nos amis qui embrouillent notre foi, ne ratons pas le ciel à cause de notre entourage qui nous éloigne de Dieu tout en nous poussant aux péchés.

Après l'élévation de Daniel dans la cour du roi, le roi Nebucadnetsar va élever une statue d'or en établissant une loi, celle de se prosterner devant la statue et de l'adorer, tous ceux qui refuseront seront jetés dans la fournaise ardente de feu, et nous voyons les trois amis de Daniel passer cette épreuve, ils sont entrain d'être persécuté parce qu'ils ont refusé d'adorer la statue d'or. Et ils acceptèrent de mourir pour Dieu (Daniel 3 : 20 - 24).

L'ADORATION DE LA STATUE D'OR ÉLEVÉE

SYMBOLE DE L'IMAGE DE LA BÊTE

Le roi Nebucadnetsar éleva une grande statue d'or pour que tout le monde puisse l'adorer, tous ceux qui refuseront de se prosterner devant elle et de l'adorer devraient être mis à mort en les jetant dans la fournaise ardente de feu (Daniel 3 : 5-6).

Enfin de compte ces trois amis de Daniel refuseront catégoriquement de se prosterner devant cette statue et de l'adorer. Et ils furent jetés dans la fournaise ardente (Daniel 3 : 13 -23).

Ceci était l'image de la grande tribulation où l'antéchrist viendra sur la terre pour établir son règne, il voudra que le monde entier puisse l'adorer et adorer son image, et tous ceux qui vont refuser d'adorer la bête et son image seront tués (Apocalypse 13 : 14 -15).

Ce qui nous amène à comprendre que les compagnons de Daniel représentent la catégorie de gens qui traverseront la grande tribulation et qui refuseront d'adorer la bête et son image lors de la grande tribulation pour être sauvé.

LA QUATRIÈME PERSONNE DANS LA FOURNAISE

Daniel 3 : 24 -26

« Alors le roi Nebucadnetsar fut effrayé, et se leva précipitamment. Il prit la parole, et dit à ses conseillers : N'avons-nous pas jeté au milieu du feu trois hommes liés? Ils répondirent au roi: Certainement, ô roi!. Il reprit et dit: Eh bien, je vois quatre hommes sans liens, qui marchent au milieu du feu, et qui n'ont point de mal; et la figure du quatrième ressemble à celle d'un fils des dieux. Ensuite Nebucadnetsar s'approcha de l'entrée de la fournaise ardente, et prenant la parole, il dit: Schadrac, Méschac et Abed Nego, serviteurs du Dieu suprême, sortez et venez! Et Schadrac, Méschac et Abed Nego sortirent du milieu du feu.»

Ce texte nous montre que dans la fournaise ardente, il y a eu l'apparition de la quatrième personne qui ressemblait au Fils de l'homme qui n'est rien d'autre que notre Seigneur Jésus-Christ qui aime la position du milieu (Matthieu 18 : 20, Marc 5 : 30, Jean 19 : 18).

Dieu manifesta toujours son amour en allant secourir les trois compagnons de Daniel par la présence de la quatrième personne, pour preuve le roi leur fut sortir de la fournaise ardente sans être brûlés, en d'autres termes Dieu était toujours là pour leur salut, quand bien-même leur salut a coûté la mort.

Ce sont les gens qui accepteront de se faire tuer, voire même décapiter à cause du nom de Jésus pour qu'ils soient sauvés dans la grande tribulation. Le fait de mourir pour Jésus c'est déjà le salut, parce que le salut a coûté la mort. (Apocalypse 13 : 14 -15, Apocalypse 20 : 4).

Même pour ceux qui seront enlevés lorsque Jésus reviendra c'est simplement parce qu'ils s'identifieront à la mort et la résurrection de Jésus-Christ pour être sauvé. Donc sans la mort et la résurrection de Jésus il y a pas de salut.

Et sûrement Jésus-Christ reviendra pour les sauver comme la quatrième personne était apparue dans la fournaise ardente pour sauver Schadrac Méschack et Abed Nego (Daniel 3 : 24 -25).

En voyant toutes ces histoires, tous ces fléaux nous ne pouvons que tenir un seul discours *Ephésiens 5 : 16 « Repentons-nous sincèrement, rachetons le temps car les jours sont mauvais.»* le désir d'un chrétien est de lutter chaque jour pour hériter le royaume des cieux (Matth 6 : 33).

Que tout un chacun d'entre nous donne sa vie à Jésus-Christ, car la foi en Jésus-Christ est le seul moyen d'aller au ciel et d'échapper aux jugements, car ceux qui ont foi ont la certitude d'y entrer.

CONCLUSION

Nous venons ensemble de parcourir ce livre et nous venons de découvrir cet extrait de la parole de Dieu qui nous révèle sans l'ombre d'aucun doute qu'il existe bel et bien un calendrier de Dieu. Malgré l'influence du mal et les mauvaises décisions des hommes, mais Dieu a un calendrier bien précis qui se réalisera exactement comme il l'a annoncé.

L'étude du calendrier prophétique de Dieu nous a permis de découvrir *« D'où nous venons »* en scrutant le passé et en observant l'accomplissement de sa parole prophétique dans nos vies et dans les évènements de l'histoire. Elle nous a également permis de découvrir *« Où nous sommes et où nous allons.»* afin que nous sachions ce que le futur nous réserve et que nous prenions dès maintenant des bonnes décisions.

Vu les dangers et les fléaux qui attendent le monde dans les jours à venir, c'est pourquoi la plus sage attitude serait de suivre le conseil de Jésus : veillons à être toujours prêt, en ayant continuellement une solide relation personnelle avec notre Seigneur Jésus-Christ (Marc 13 : 37).

Loin de moi la prétention de penser d'avoir tout écrit au sujet de ce qui concerne le calendrier de Dieu, Sachant qu'il y a tellement des choses qui concernent Dieu que le monde ne saurait contenir un ouvrage essayant d'expliquer toutes ses profondeurs.

Cependant je me suis efforcé à partager les quelques vérités que j'ai trouvé essentielles pour l'édification de l'église corps du Christ.

Mon souhait pour cette étude du calendrier de Dieu, ce n'est pas celui de conduire à des disputes théologiques, chacun est différent et peut apporter un indice supplémentaire dans cette étude, trop souvent nous apportons des réponses provisoires lues çà et là sans même vérifier ce que dit la bible. Que nous puissions travailler le sujet davantage avant d'avoir trop d'assurance.

Mon vœu est d'exhorter chacun de respecter son frère en Christ. Une discussion humble est préférable aux disputes de l'orgueil.

TABLE DES MATIÈRES

More
Books!

info@omniscriptum.com
www.omniscriptum.com
OMNIScriptum

Printed by Books on Demand GmbH, Norderstedt / Germany